Dear Student,

Welcome to Volume Two of the *Time to Read Hebrew* program.
This book continues where Volume One left off.
In Volume One, you learned how to read these Hebrew letters:

א בּ ב ג ד ה ו ח י כּ ל מ ם נ ן ע פּ צ ק ר שׁ תּ ת

You learned to read the following vowels:

silent ◌ְ   וֹ   ◌ִ   ◌ֶ   ◌ָ   ◌ַ

You also learned how to read and understand some Hebrew Key Words.

Read these Key Words to a partner. Then, draw a line between each Hebrew word and its matching picture.

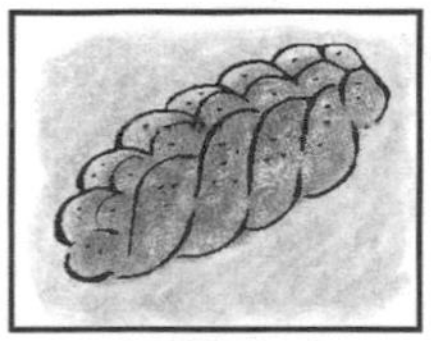

שַׁבָּת	יַיִן
דָּג	קִדּוּשׁ
אִמָּא	פּוּרִים
אַבָּא	חַלָּה
הַגָּדָה	הַבְדָּלָה
מַצָּה	מִצְוָה
יָד	כִּתָּה
אֲנִי	עִבְרִית

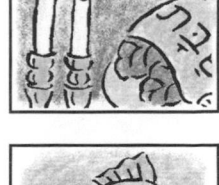

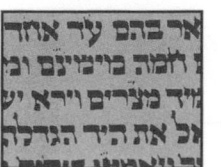

Lesson 11
KEY WORDS:
פֶּסַח יִשְׂרָאֵל

New Letters:

Samech ס

Sin שׂ

New Vowels:

◻ = ◻ has the sound of "eh" as in "egg."

◻ can be read either as

"eh" as in "egg" or "ay" as in "day."

How is the ◻ read in your community?

פֶּסַח is one of the most important Jewish holidays. It marks the time when the Hebrew slaves left Egypt. They became יִשְׂרָאֵל — a free nation. פֶּסַח tells about the start of the Jewish people's journey to their own land. In this way, פֶּסַח connects the people יִשְׂרָאֵל to the land of יִשְׂרָאֵל.

1. שֵׁם עֵד הֵם בֵּן תֵּבֵל

2. אֶל פֶּן כֶּתֶר לֶחֶם עֶרֶב

3. כָּהֶם שָׂוֶה קָצֶה כַּאֲשֶׁר הַגָּשֶׁם

4. לָמֵד שָׁרֵת הָאֵר יָגֵל דַּבֵּר

5. אֱלוּל אֱמֶת נֶאֱמָן אֱיָל נְחֱמָתָא

6. חֶמְדַּת חֶמְלָה שֶׁהוּא לָנֶצַח יִבָּנֶה

7. מֵהֶם שֵׁשֶׁת עֵדֶר חֵקֶר עֵבֶר

Cool Hebrew Words

one = אֶחָד

faith, belief = אֱמוּנָה

1. סֶל שָׂח נֵס כֶּבֶשׁ סוּס

2. עֶשֶׂב סֵמֶל שָׂדֶה סֶלַע שֵׂעָר

3. לָהֶם בָּהֶם יָרֶם קֶרֶם אֵלִים

4. חָמָס צִמְצֵם נֶהֱרַס עֶשְׂרִים נִמְאַס

5. בָּקֵשׁ שַׁלֵם כָּשֵׁר יָשֵׁן בָּשֵׁל

6. מִשְׂגָּב אֶשְׁנָב כִּבְשָׂה שַׁחְלָב שִׁבְעָה

7. עָשָׂה מַעֲשֶׂה נַעֲשֶׂה עֲשִׂיתֶם מַעֲשִׂיָּה

Cool Hebrew Words

prayerbook = סִדּוּר

seder = סֶדֶר

Lesson 11

KEY WORDS: פֶּסַח יִשְׂרָאֵל

Practice writing the letter Samech.

ס

Practice writing the letter Sin. (The dot is on the left!)

שׂ

Practice writing the two letters that have the S sound.

שׂ ס

Is it a Shin or a Sin?
Write "S" or "SH"
next to each word.

_____	שִׂמְחָה
_____	עֶשֶׂר
_____	שַׁבָּת
_____	קָדוּשׁ
_____	מִשְׁפָּחָה
_____	שָׂרָה
_____	שֶׁקֶל
_____	יִשְׂרָאֵל

Lesson 11

KEY WORDS: יִשְׂרָאֵל פֶּסַח

Fill in the blanks with the words that describe the Key Word יִשְׂרָאֵל.
Use the words in the Word Box below.

1. Language spoken in יִשְׂרָאֵל = ___ ◯ ___ ___ ___
2. Largest city in יִשְׂרָאֵל = ___ ___ ___ ___ ◯ ___
3. First nation to welcome יִשְׂרָאֵל in 1948 = ___ ___ ___ ___ ___ ◯

תֵּל אָבִיב	אֲמֶרִיקָה	עִבְרִית

Unscramble the words that go with the Key Word פֶּסַח

1. Book you read on פֶּסַח — דָהַגָה ___ ___ ___ ___
2. Meal you eat on פֶּסַח — דֶסֵר ___ ___ ◯
3. Green herb dipped in salt water on פֶּסַח — פַּרְכַּס ___ ___ ___ ___
4. At the סֵדֶר, we say: "Next year in Jerusalem." Jerusalem is the capital of — רָאֵשְׂיל ___ ◯ ___ ___ ___

When the Hebrew slaves left Egypt, they became a free nation.
Unscramble the circled letters to find the name of that new nation.
Hint: Use only the letters. The vowels have already been done for you.

___ ___ ___ ___ ___

Lesson 11

KEY WORDS:

פֶּסַח יִשְׂרָאֵל

New Vocabulary

דֶּגֶל =

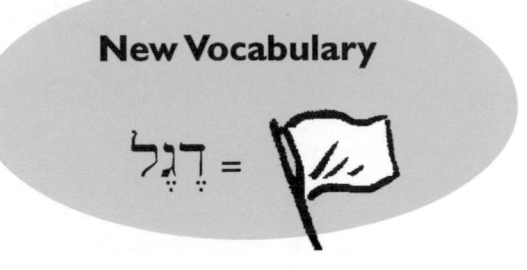

Draw a line between the letters that make the same sound. Use a ruler.

ב בּ	ו ן
כּ	כּ
מ	ם

S

שׁ שׂ

שׁ ס

SH

צ	צ
אֱ	עֶ
בּ ג	ג נ

Color the picture to make דֶּגֶל יִשְׂרָאֵל

Lesson 11

KEY WORDS: יִשְׂרָאֵל פֶּסַח

Put a check in the correct column to show what vowel sound is heard in each word.

The vowel ◌ֵ and the vowel ◌ֶ make the "**eh**" sound, as in the word "eggs." They look like little round eggs too; either three or five of them.	The ◌ִ vowel is like one small "bead." It makes the "**ee**" sound.	The line vowels ◌ָ ◌ַ ◌ֲ remind you of the stick a doctor puts in your mouth when you open up and say, "ah."	
✔			1. יֶלֶד
			2. נִסִּים
			3. כֶּלֶב
			4. סָלַל
			5. עֶשֶׂר
			6. אִישׁ
			7. תַּחַת
			8. עֶרֶשׂ
			9. אֱמֶת

Lesson 11

KEY WORDS: פֶּסַח יִשְׂרָאֵל

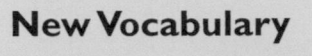

New Vocabulary

= יַלְדָּה

= יֶלֶד

Many English names were borrowed from Hebrew. Write the Hebrew names next to their English "sound alikes." Be sure to use vowels! Hint: Some of the sounds inside a name can change a little when they move from Hebrew into English. Use the Word Box to help you.

יַלְדָּה

יֶלֶד

Rebecca =	רִבְקָה	Isaac =	יִצְחָק
Edna =	____________	David =	____________
Rachel =	____________	Adam =	____________
Esther =	____________	Alexander =	____________
Miriam =	____________	Daniel =	____________
Sarah =	____________	Levy =	____________
Leah =	____________	Abraham =	____________

מִרְיָם	אָדָם	דָּוִד	✔ יִצְחָק	אַבְרָהָם
לֵאָה	שָׂרָה	לֵוִי	דָּנִיאֵל	עֶדְנָה
✔ רִבְקָה	אֶסְתֵּר	רָחֵל		אֲלֶכְּסַנְדֶּר

Lesson 11

KEY WORDS:

פֶּסַח יִשְׂרָאֵל

New Vocabulary

= מָגֵן דָּוִד

= מַחְבֶּרֶת

Put a check next to the sentences that best describe the picture.

1. הַיַּלְדָּה בַּכִּתָּה. ❑
2. הַגִּיר תַּחַת הַיֶּלֶד. ❑
3. הַמַּחְבֶּרֶת תַּחַת הַיַּלְדָּה. ❑
4. הַמִּשְׁפָּחָה בַּבַּיִת. ❑
5. דֶּגֶל יִשְׂרָאֵל בַּכִּתָּה. ❑
6. הַמַּחְבֶּרֶת עַל-יַד הַיֶּלֶד. ❑
7. מָגֵן דָּוִד עַל הַדֶּגֶל. ❑
8. עִבְרִית בַּכִּתָּה. ❑
9. הַיֶּלֶד עַל-יַד הַדֶּגֶל. ❑
10. מָגֵן דָּוִד עַל הַמַּחְבֶּרֶת. ❑

10

Lesson 11

KEY WORDS: פֶּסַח יִשְׂרָאֵל

Hebrew Riddles

Fill in the blanks with the words at the bottom of the page.
Draw a line from each picture to the sentence that describes it.

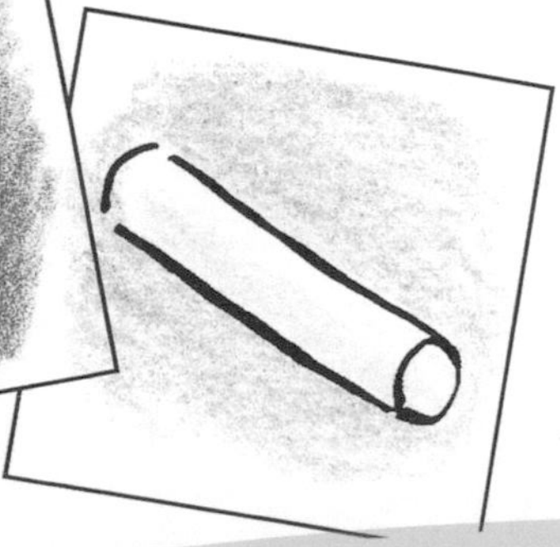

1. אֲנִי בַּמַּיִם. מָה אֲנִי?
אַתָּה __________.

2. אֲנִי בַּמִּשְׁפָּחָה. מִי אֲנִי?
אַתְּ __________.

3. אֲנִי עַל דֶּגֶל. מָה אֲנִי?
אַתָּה __________.

4. אֲנִי בַּיָּד. אֲנִי בַּכִּתָּה. מָה אֲנִי?
אַתָּה __________.

5. אֲנִי בַּקִּדּוּשׁ. מָה אֲנִי?
אַתָּה __________.

6. אֲנִי בַּהַגָּדָה. מָה אֲנִי?
אַתְּ __________.

יַיִן מָגֵן דָּוִד אִמָּא מַצָּה גִּיר דָּג

Lesson 11

KEY WORDS:

פֶּסַח יִשְׂרָאֵל

PREPARE for PRAYER

Read the words in each "word family tree."

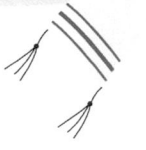

Making, Doing

עָשָׂה
יַעֲשֶׂה
נַעֲשֶׂה
מַעֲשֶׂה
שֶׁעָשָׂה
מַעֲשִׂיָה

Showing Kindness

חֶסֶד
חָסִיד
חֲסִידָה
חֲסָדִים
חֲסִידָיו
חֲסָדִים

Enjoying

שָׂמַח
שִׂמְחָה
תִּשְׂמַח
שָׂמַחְתָּ
שַׂמְּחֵנוּ
שִׂמְחָתֵנוּ

Fill in the roots of each tree with its matching three-letter root.

ח.ס.ד   שׂ.מ.ח   ע.שׂ.ה

Cool Hebrew Words

Joy = שִׂמְחָה

It is a מִצְוָה to enjoy God's world and to celebrate happy events. People often call a wedding, a Bar or Bat Mitzvah, or any other happy event a שִׂמְחָה because joy is such an important Jewish value.

Lesson 12

KEY WORDS:

סֵפֶר אָלֶף

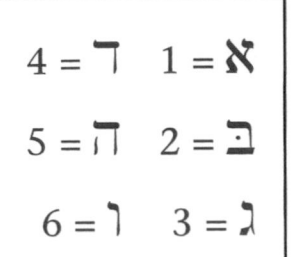

4 = ד	1 = א
5 = ה	2 = ב
6 = ו	3 = ג

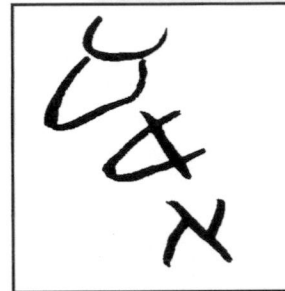

New Letters:

Fey   פ

Final Fey   ף

Reading and writing have always been an important part of Jewish tradition. The oldest Hebrew writing was discovered on carvings in the Sinai Desert. These carvings are more than 3,500 years old. At first, Hebrew was written in picture writing like the kind used in Egypt. Later, letters got their names from the words they pictured, and each letter stood for the first sound in its name. For example, the letter א was an ox head: 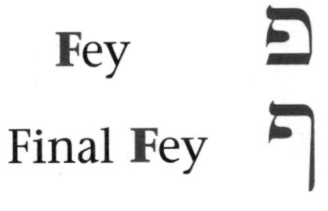 . Its name comes from an ancient word for ox. If you look closely, you can still see the ox's head in the א.

Here are some other examples of Hebrew letters that come from picture writing.

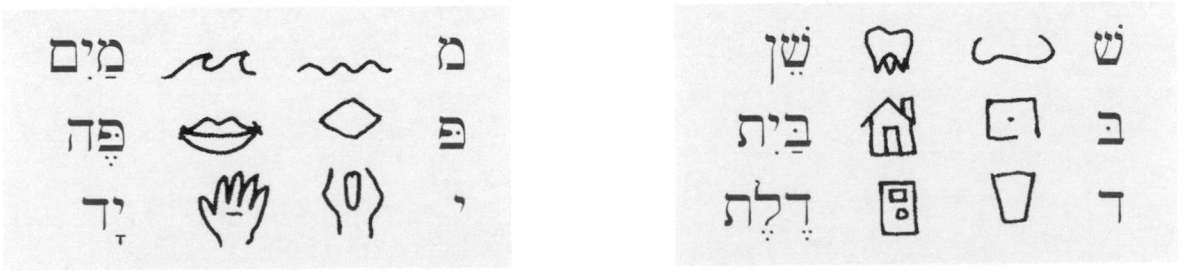

Every Hebrew letter also stood for a number. For this reason, the word סֵפֶר (book) is related to the word מִסְפָּר (number).

Lesson 12
READING PAGE

KEY WORDS:
סֵפֶר אָלֶף

.1	אַף	כַּף	חַף	עוּף	סַף
.2	הֶעֱדִיף	חָרִיף	נֶאֱסַף	עָיֵף	הֶחֱלִיף
.3	עֲדִיפוּת	חֲרִיפוּת	אֲסֵפָה	עֲיֵפוּת	חֲלִיפָה
.4	מִסְפָּר	פִּנְקָס	פִּסְגָּה	פַּרְנֵס	נִתְפַּס
.5	צָפוּן	מִרְפֶּסֶת	מִפְלָגָה	פַּרְנָסָה	מִפְרָשִׂית
.6	סֵפֶר	סִפֵּר	סִפּוּר	סִפְרִיָּה	מִסְפָּרָה
.7	אָלֶף	אָלוּף	אֲלִיפוּת	אֶלֶף	אַלְפַּיִם

Cool Hebrew Words

lip, language = שָׂפָה

silver, money = כֶּסֶף

Lesson 12

KEY WORDS: אָלֶף סֵפֶר

Practice writing both Feys.

ף פ

Fill in the correct form of the Fey.

Alef	אָלֶ__	.5	Money, silver	כֶּסֶ__	.1
Coffee	קָ__ֶה	.6	Soul	נֶ__ֶשׁ	.2
Nose	אַ__	.7	Vine	גֶּ__ֶן	.3
Book	סֵ__ֶר	.8	Body	גּוּ__	.4

אָלֶף is the name of the first Hebrew letter. To solve the riddle below, read the names of other Hebrew letters you have learned. Fill in each blank with a Hebrew letter to answer the riddle.

I am a Jewish סֵפֶר 18 volumes long, full of stories and explanations of Jewish law. I am over 1,500 years old.

מִי אֲנִי?

אָלֶף נוּן יוֹד תָּו לָמֶד מֵם דָלֶת

___ ___ ___ ___ ___ ___ו ___

Lesson 12

KEY WORDS: סֵפֶר אָלֶף

SOUND	LETTER	SOUND	LETTER
D	___ .1	___	___ ב .11
SILENT	___ א .2	H	___ .12
F	___ ___ .3	G	___ .13
___	בּ .4	R	___ .14
M	___ ___ .5	___	שׁ___ .15
___	ח .6	OO	___ .16
TS	___ .7	___	___ כּ .17
___	ל .8	T	___ .18
Y	___ .9	___	___ נ .19
P	___ .10	SH	___ .20

At what Jewish meal does everyone bring a book to the table?

___ ___ ___   ___ ___ ___

6 15 10   14 1 15

Bonus Question: What is that book called?

___ ___ ___ ___

12 1 13 12

Lesson 12

KEY WORDS: אָלֶף   סֵפֶר

Find and circle the Hebrew words about books in the word search below. Then answer the riddle that follows.

1. Book
2. Language in which the Torah is written
3. Bread we eat when we read the הַגָּדָה

ת	יִ	בּ	מַ	מִ
הַ	י	וּ	צָ	צִ
גָ	סֵ	רִ	ה	וָ
דָ	פֶּ	א	בְ	ה
ה	ר	לְ	כֵּ	עִ

HINT: Hidden words may be sideways, up and down, or diagonal.

Even though I'm silent, I'm still Number One! __ __ __ ?מַה אֲנִי

Put a box around the two words in each line that rhyme.

Example: [בָּא] כֵּן דָן [מַה]

1. קָפֶה עָפוּ יָפָה יָפֶה
2. עֵנָב שַׁאֲנָן עָנָן יַעֲנֶה
3. עֵיף שָׁלֵו כָּתֵף עַיִן
4. קַיָם דָרַשׁ פָּרָשׁ כַּיָס
5. שָׁקוּד סוֹכָר חָקֶר יָקָר

Lesson 12

KEY WORDS:
סֵפֶר   אָלֶף

New Vocabulary

כֶּלֶב =

Write the letter of each picture next to the sentence it matches.

1. ___ כֶּלֶב בַּבַּיִת.

2. ___ יַלְדָה עַל-יַד הַבַּיִת.

3. ___ יֶלֶד תַּחַת הַכֶּלֶב.

4. ___ סֵפֶר תַּחַת הַגִּיר.

5. ___ כֶּלֶב עַל הַיַלְדָה.

6. ___ חָתוּל עַל-יַד הַדָּג.

ג

ב

א

ו

ה

ד

18

Lesson 12

PREPARE for PRAYER

KEY WORDS:

סֵפֶר אָלֶף

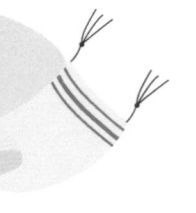

FOUR IN A ROW

Play this game with partners or class teams. One is "X," the other is "O." Take turns reading the Hebrew in any box below. If you read correctly, mark the box with your X or O. The first to get four boxes in a straight line in any direction is the winner.

מוּסָף	סוּף	הַגָּפֶן	יָפֶה	יָפָה
תִּפְתַּח	מַחֲלִיף	אֶפְחַד	עָפָר	פֶּלֶא
מַחְסִי	חוּסָה	חֲסָדִים	חֲסִידִים	חָסִיד
מָסַרְתָּ	נִסְתָּר	תַּסְתִּר	תָּסִיר	הָסֵר
הַתִּפְאֶרֶת	תִּפְאֶרֶת	תִּפְאָרָה	הָאֲסוּרִים	אֲסוּרִים
וַיִּנָּפַשׁ	יִנָּפַשׁ	נַפְשֵׁנוּ	נַפְשָׁם	נַפְשִׁי

Cool Hebrew Words

soul or breath = נֶפֶשׁ

The Bible tells us that God rested on the seventh day after creating the world. The Bible uses the word יִנָּפַשׁ for rest. This word means "to refresh oneself." נֶפֶשׁ is related to it. The Bible reminds us that on שַׁבָּת we should "become refreshed" and "take a breather" from the work we do all week.

Lesson 13

KEY WORDS:

שָׁלוֹם בֹּקֶר טוֹב

New Letters:

Tet   ט

New Vowels:

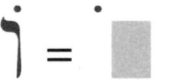 וֹ = ׄ   Both have the same sound as the "o" in the word "Torah."

The phrase בֹּקֶר טוֹב means "good morning." When someone is wished בֹּקֶר טוֹב, they usually answer with בֹּקֶר אוֹר (morning of light).

The word שָׁלוֹם is used to greet people and to say farewell. Although שָׁלוֹם is usually translated as "peace," it means a lot more than "no war." שָׁלוֹם comes from the Hebrew root שׁ.ל.מ, which means "complete," "whole," or "perfect." Jewish tradition teaches us that it is our job to bring שָׁלוֹם into the world. With each מִצְוָה we perform, we add שָׁלוֹם to the world. When we greet someone by saying שָׁלוֹם we are wishing them a perfect day as well as a peaceful one.

Lesson 13
READING PAGE

KEY WORDS:
שָׁלוֹם בֹּקֶר טוֹב

1. סוֹף אוֹר קוֹף סוֹד עוֹף
2. חֲלוֹם סַבּוֹן סָלוֹן שָׁעוֹן צָפוֹן
3. לוֹמֵד כּוֹתֵב יוֹשֵׁב עוֹמֵד אוֹהֵב
4. לוֹמֶדֶת כּוֹתֶבֶת יוֹשֶׁבֶת עוֹמֶדֶת אוֹהֶבֶת
5. שִׁפְשׁוּף סִלְסוּל הִבְהוּב צִמְצוּם שִׁגְשׁוּג
6. מוֹרֶה מוֹרָה עִפָּרוֹן אָרוֹן חַלּוֹן
7. אֲרָצוֹת הוֹדָאוֹת מַעֲלוֹת לַעֲשׂוֹת תִּשְׁבָּחוֹת

Cool Hebrew Words

The Maker of Peace = עוֹשֶׂה שָׁלוֹם

Torah = תּוֹרָה

Lesson 13
READING PAGE
KEY WORDS:
שָׁלוֹם בֹּקֶר טוֹב

1. אֹפֶן סֹלֶת צֹאן חֹרֶף עֹנֶג

2. טָרֵף טַוָס נֶאֱטָם טֹפֶס הֶחֱלִיט

3. אָדֹם צָהֹב כָּחֹל סָגֹל יָרֹק

4. וָרֹד כָּתֹם אָפֹר שָׁחוֹר לָבָן

5. אוֹסֵף צִיוֹן קוֹטֵף רָצוֹן טוֹרֵף

6. יָבוֹאוּ הוֹשַׁבְנוּ הוֹסִיפוּ שָׁבוּעוֹת קוּפְסָאוֹת

7. טֹטָפוֹת כֹּהֵן אַהֲרוֹן יַעֲקֹב פַּרְעֹה

Cool Hebrew Words

Rosh HaShanah = רֹאשׁ הַשָּׁנָה

holiday = יוֹם טוֹב

Lesson 13

KEY WORDS: טוֹב בֹּקֶר שָׁלוֹם

VOWEL HINT ֹ = וֹ

Both of these vowels jump **O**ver letters.

Fill in the missing letters and vowels.

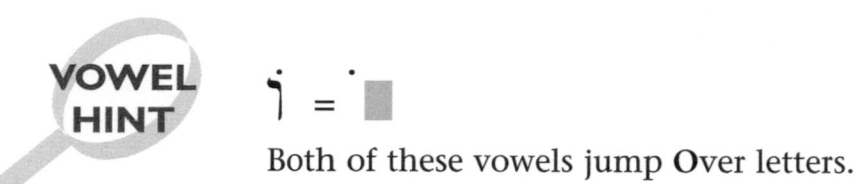

יוֹי__

שׁ__ _ָ_ר

__קֶר

שָׁל__ __

ת_ָ_רה

ק__ָה קוֹ_ָ_ה

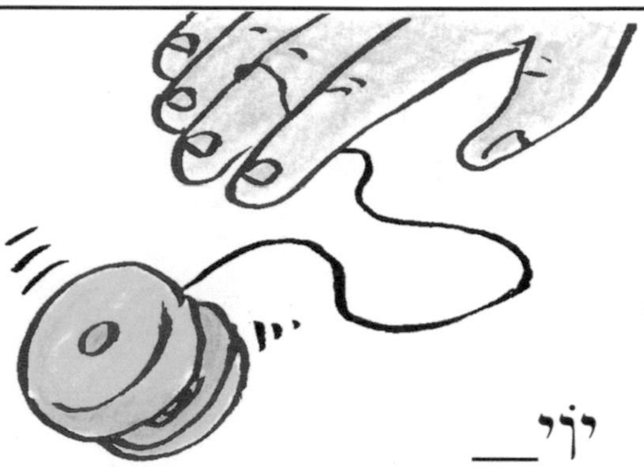

Lesson 13

KEY WORDS: שָׁלוֹם בֹּקֶר טוֹב

Practice writing the letter Tet.

ט ט ט

Practice writing the letters that have a **T** sound.

ט ת תּ

Does each word pair sound the same or sound different? Circle the letter in the correct answer column. Then fill in the letter answers in the blanks below to solve the riddle. The first one has been done for you.

Sounds Different	Sounds the Same	Word Pairs
(שָׁ)	צַ	.1 אַט אֶט
טֵ	וּ	.2 אָנָה אָנָא
מ	ל	.3 עֵט עֵת
ס	יָ	.4 הַקּוֹל הַכֹּל
ד	שֵׁ	.5 בֹּקֶר בֹּכֵר
פָּ	וֹ	.6 אָבִינוּ עָוִינוּ
עֵ	תַּ	.7 אֶת אַתְּ
ם	ף	.8 אֲסִיָה עֲשִׂיָה

I don't just mean that there's no war. I'm all of one "piece."

שָׁ ___ ___ ___

1 3 6 8

Lesson 13

KEY WORDS: שָׁלוֹם בֹּקֶר טוֹב

Fill in the missing letters. Use the new letter ט to make the T sound.

You wear it on your foot	סַנְ_ָל	.1
A country	אֲ_ֶ_ִיקָה	.2
A club sport	גּוֹ_ֶף	.3
Grilled bread	_וֹס_	.4
A continent	אַפְ_ִיקָה	.5
Fun game	פִּינְ_ פּוֹנְ_	.6
An American president	קֶ_ֶדִי	.7
A black belt sport	קָרָ_ֶה	.8
Western state in the U.S.A.	קָ_ִי_וֹרְ_ִיָה	.9
You call your friends on it	_ֶלֶפְ_ן	.10

שָׁלוֹם!

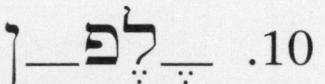
בֹּקֶר טוֹב!

25

Lesson 13
KEY WORDS:
שָׁלוֹם בֹּקֶר טוֹב

New Vocabulary

מוֹרָה מוֹרֶה

תּוֹרָה

In my Hebrew class, I have a

מ ___ ___ ___ .

In my English class, I have a

___ ___ ___ ___ .

Circle the words that go with the words in the center of each picture below.

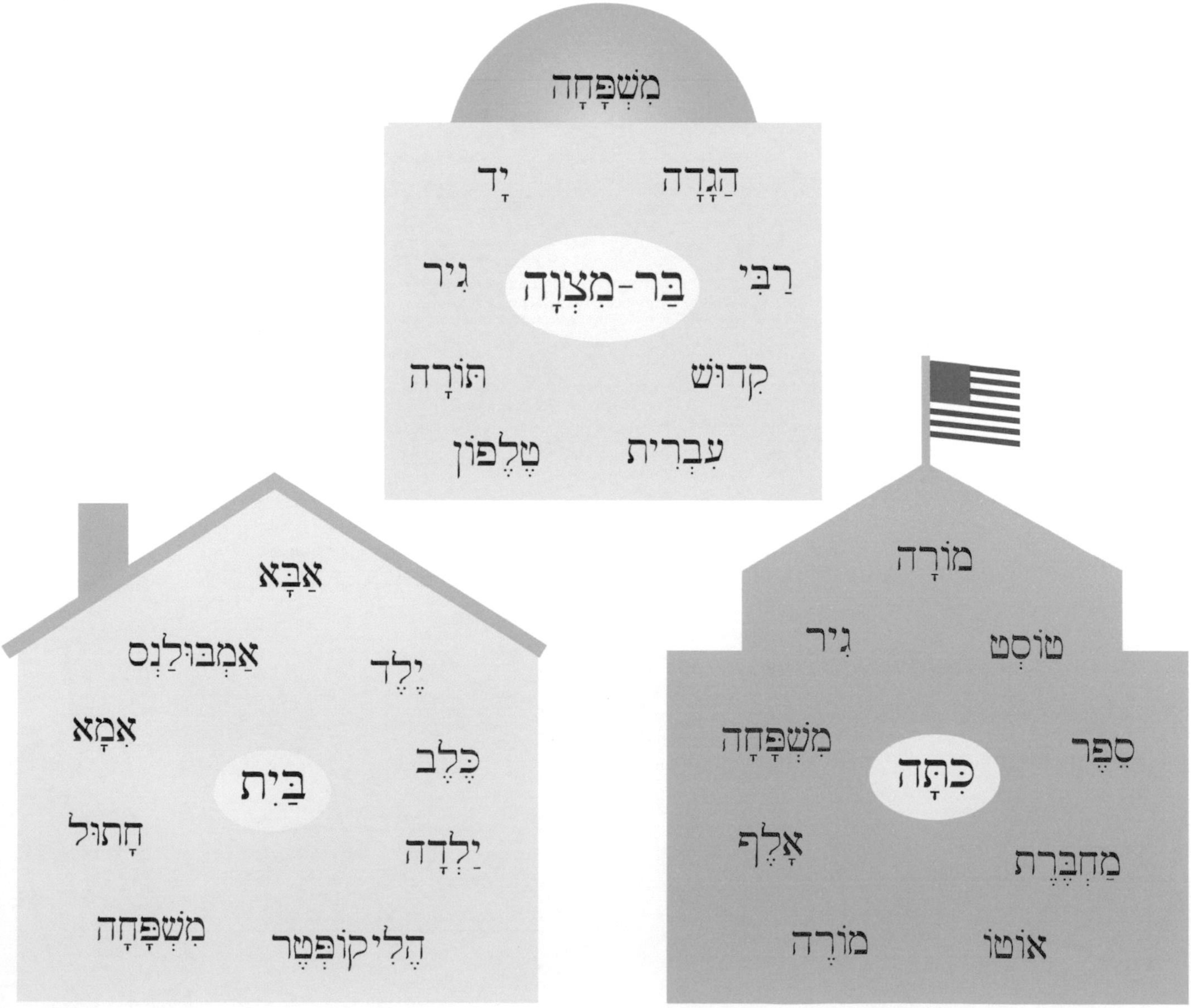

מִשְׁפָּחָה

הַגָּדָה   יָד

רַבִּי   **בַּר-מִצְוָה**   גִּיר

קִדּוּשׁ   תּוֹרָה

עִבְרִית   טֶלֶפוֹן

אַבָּא

אַמְבּוּלַנְס   יֶלֶד

אִמָּא

חָתוּל   **בַּיִת**   כֶּלֶב

יַלְדָּה

מִשְׁפָּחָה   הֶלִיקוֹפְּטֶר

מוֹרָה

גִּיר   טוֹסְט

מִשְׁפָּחָה   סֵפֶר

כִּתָּה

אָלֶף   מַחְבֶּרֶת

מוֹרָה   אוֹטוֹ

Lesson 13

KEY WORDS:

שָׁלוֹם   בֹּקֶר טוֹב

New Vocabulary

learns (m.) = לוֹמֵד   learns (f.) = לוֹמֶדֶת

Fill in לוֹמֵד or לוֹמֶדֶת on the lines below.

מוֹרֶה ______________ טֶנִיס.

יוֹסֵף ______________ מוּסִיקָה.

שׁוֹשַׁנָּה ______________ עִבְרִית.

יוֹנָתָן ______________ קָרָטֶה.

מוֹרָה ______________ בַּלֶט.

שָׂרָה ______________ בִּיוֹלוֹגְיָה.

In the box below, draw a line from the person on the right to the subject each learns.

שׁוֹשַׁנָּה	אבּגדהו...
מוֹרָה	
יוֹנָתָן	
שָׂרָה	
מוֹרֶה	
יוֹסֵף	

Complete the sentence.

אֲנִי לוֹמֵד/לוֹמֶדֶת ______________________ .

Lesson 13

KEY WORDS:

שָׁלוֹם בֹּקֶר טוֹב

New Vocabulary

כֵּן לֹא

Fill in the blanks. Use כֵּן or לֹא to describe yourself.

1. אֲנִי יֶלֶד. ________
2. אֲנִי אַבָּא. ________
3. אֲנִי לוֹמֶדֶת עִבְרִית. ________
4. אֲנִי לוֹמֵד עִבְרִית. ________
5. אֲנִי דָוִד. ________
6. אֲנִי מוֹרֶה. ________
7. אֲנִי סֵפֶר. ________
8. אֲנִי יַלְדָּה. ________
9. אֲנִי שָׂרָה. ________
10. אֲנִי בַּכִּתָּה. ________

Lesson 13

KEY WORDS: שָׁלוֹם   בֹּקֶר טוֹב

מִי לוֹמֵד בִּיוֹלוֹגְיָה?

מוֹרֶה: בֹּקֶר טוֹב, דָוִד!

דָוִד: בֹּקֶר טוֹב, מוֹרֶה.

מוֹרֶה: אַתָּה לוֹמֵד בִּיוֹלוֹגְיָה?

דָוִד: לֹא, אֲנִי לוֹמֵד עִבְרִית!

מוֹרֶה: שָׁלוֹם, דִינָה.

דִינָה: שָׁלוֹם, מוֹרֶה!

מוֹרֶה: מַה אַתְּ לוֹמֶדֶת?

דִינָה: אֲנִי לוֹמֶדֶת בִּיוֹלוֹגְיָה.

Complete the sentences.

דָוִד לוֹמֵד _____.

דָוִד לֹא _____ בִּיוֹלוֹגְיָה.

דִינָה לוֹמֶדֶת _____.

Lesson 13

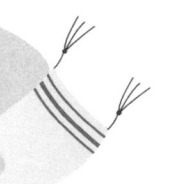

PREPARE for PRAYER

KEY WORDS:

שָׁלוֹם בֹּקֶר טוֹב

Read the words in each "word family tree."

Judging	Making Special	Purifying	Planting
שָׁפַט	קֹדֶשׁ	טָהַר	נָטַע
שׁוֹפֵט	קָדוֹשׁ	טְהֵר	נָטוּעַ
מִשְׁפָּט	קַדִּישׁ	טֹהַר	נָטוּעַ
מִשְׁפָּטִים	קִדּוּשׁ	טִהוּר	נָטִיעַ
שׁוֹפְטִים	קִדּוּשִׁין	טָהוֹר	נֶטַע
תִּשְׁפֹּט	יִתְקַדַּשׁ	טִהַרְתִּי	נַטָּע
___ ___ ___	___ ___ ___	___ ___ ___	___ ___ ___

Fill in the roots of each tree with its matching three-letter root.

ש.פ.ט   נ.ט.ע   ט.ה.ר   ק.ד.ש

Cool Hebrew Words

קָדוֹשׁ

The Hebrew word קָדוֹשׁ is hard to explain in English. It is often translated as "holy" or "sacred," but that is not exactly what it means. The word קָדוֹשׁ comes from the root ק.ד.ש, which means "special" or "set apart." קָדוֹשׁ comes from the same root as the word קִדּוּשׁ (the blessing that sets שַׁבָּת apart from the rest of the week).

Lesson 14

KEY WORDS:

סְלִיחָה   בְּבַקָּשָׁה

New Vowels:

This vowel ◌ְ◌ְ◌ְ in the first letter of a word makes a very short ◌ֶ sound.

For example:

Shema = שְׁמַע

In Israel, this vowel is said so quickly that the letters are often blended together. For example:

Shma = שְׁמַע

Most parents will tell you that סְלִיחָה and בְּבַקָּשָׁה are "magic words." The High Holy Days are a good time to use both of these words. We say סְלִיחָה on יוֹם כִּפּוּר when we ask God, family, and friends to forgive us for the things we have done wrong during the year. We say בְּבַקָּשָׁה on רֹאשׁ הַשָּׁנָה when we ask God "please" to bless us with a sweet and good new year.

1. בְּלִי שְׁמוֹ שְׁמַע כְּפָר דְּרוֹר
2. וְעִם וְהוּא וְהָיוּ וְהָאֵר וְטַהֵר
3. תְּקִיעָה תְּרוּעָה שְׁבָרִים גְּדוֹלָה צְדָקָה
4. אַחַת שְׁתַּיִם שָׁלוֹשׁ אַרְבַּע חָמֵשׁ
5. שֵׁשׁ שֶׁבַע שְׁמוֹנֶה תֵּשַׁע עֶשֶׂר
6. טְבִילָה טְבִיעוּת יְלָדִים בְּשָׁנָה בְּאַהֲבָה
7. טַבְלַת טִבְעוֹנִי יַלְדָּה וְשִׁנַּנְתָּם וְאָהַבְתָּ
8. תְּפִלָּה תְּפִלִּין פִּלֵּל פְּלִילִי מִתְפַּלֵּל

Cool Hebrew Phrases

"אַל תִּסְתַּכֵּל בַּקַּנְקַן אֶלָּא בְּמַה שֶּׁיֵּשׁ בּוֹ."

"Don't look at the jar, but at what is inside of it."

(Don't judge a book by its cover.)

— Rabbi Meir, *Pirke Avot* 4:27

Lesson 14

KEY WORDS: סְלִיחָה בְּבַקָּשָׁה

The ְ in the middle of a word usually makes no sound.
The ְ at the beginning of a word can always be read as a very short ֶ sound.

GO

Read the words in the box below and write each word in the correct column.

STOP

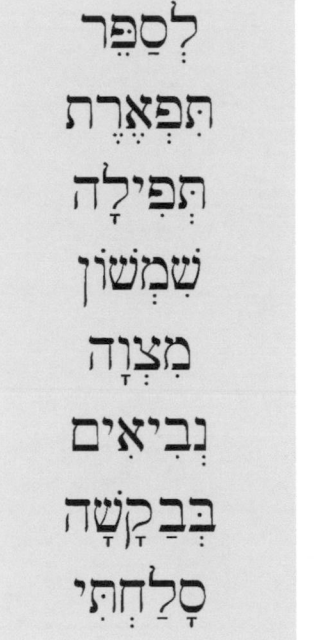

לְסַפֵּר
תִּפְאֶרֶת
תְּפִילָה
שִׁמְשׁוֹן
מִצְוָה
נְבִיאִים
בְּבַקָּשָׁה
סָלַחְתִּי

This ְ makes a short ֶ sound:

יְדִיד

______

______

______

______

This ְ makes no vowel sound:

בִּרְכַּת

______

______

______

______

New Vocabulary

Write the new vocabulary word צְדָקָה under each matching picture.

______ ______ ______

Lesson 14

KEY WORDS:

סְלִיחָה בְּבַקָּשָׁה

New Vocabulary

like/love (m.) = אוֹהֵב

like/love (f.) = אוֹהֶבֶת

Fill in the blanks with אוֹהֵב or אוֹהֶבֶת

1. דָּוִד ______________ קוֹקָה קוֹלָה.
2. אִמָּא ______________ פִּיצָה.
3. אַבָּא ______________ קָפֶה.
4. הַמּוֹרֶה ______________ שׁוֹקוֹלָד.
5. הַיַּלְדָּה ______________ חַלָּה.
6. הַמּוֹרָה ______________ מַצָּה.

Circle the item that each person likes.

א. אִמָּא

ב. הַמּוֹרֶה

ג. דָּוִד

ד. אַבָּא

ה. הַמּוֹרָה

ו. הַיַּלְדָּה

Lesson 14

KEY WORDS:

סְלִיחָה   בְּבַקָּשָׁה

New Vocabulary

with = עִם

and = וְ

מַה אַתָּה אוֹהֵב?

דִינָה: מַה אַתָּה אוֹהֵב?

דָוִד: אֲנִי אוֹהֵב הַמְבּוּרְגֶר.

דִינָה: אַתָּה אוֹהֵב הַמְבּוּרְגֶר עִם קֶטְשׁוֹפּ?

דָוִד: לֹא, אֲנִי לֹא אוֹהֵב קֶטְשׁוֹפּ.

מַה אַתְּ אוֹהֶבֶת?

דִינָה: אֲנִי אוֹהֶבֶת פִּיצָה וְשׁוֹקוֹלָד.

דָוִד: פִּיצָה עִם שׁוֹקוֹלָד?

דִינָה: לֹא! פִּיצָה וְשׁוֹקוֹלָד!

Fill in the blanks.

דָוִד אוֹהֵב ________

דָוִד לֹא אוֹהֵב ________

דִינָה אוֹהֶבֶת ________ וְ ________

אֲנִי אוֹהֵב/אוֹהֶבֶת ________

Lesson 14

KEY WORDS:

סְלִיחָה בְּבַקָּשָׁה

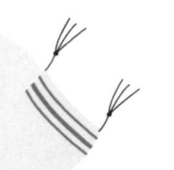

PREPARE for PRAYER

Read the words in each "word family tree."

Forgiving	Making Complete	Speaking	Lighting
סָלַח	שָׁלֵם	דִּבֵּר	דָּלַק
יִסְלַח	שָׁלוֹם	יְדַבֵּר	הַדְלָקָה
סָלַחְתִּי	שְׁלֵמָה	דְּבָרָיו	הַדְלָקַת
וְסָלַחְתָּ	שְׁלֹמֹה	דְּבָרִים	לְהַדְלִיק
סְלִיחָה	מוּשְׁלָם	דִּבְּרוּ	דְּלוּקִים
סְלִיחוֹת	הַשְׁלָמָה	לְדַבֵּר	מַדְלִיקִים
___ ___ ___	___ ___ ___	___ ___ ___	___ ___ ___

Fill in the roots of each tree with its matching three-letter root.

ס.ל.ח ד.ל.ק ד.ב.ר שׁ.ל.מ

Cool Hebrew Words

Jerusalem = יְרוּשָׁלַיִם

יְרוּשָׁלַיִם is the name of Israel's capital city. It comes from the root שׁ.ל.מ.
Find the three letters of this root in the name יְרוּשָׁלַיִם and circle them.

יְרוּשָׁלַיִם

Lesson 15

KEY WORDS:

מַזָּל טוֹב   חַג שָׂמֵחַ   בֵּית-כְּנֶסֶת

New Letters:

Zayin ז

New Vowel Combinations:

◌◌חַ at the end of a word has the sound of ◌ַח

(The vowel is said **before** the letter.)

◌ֵי has the sound of "ay" as in "day"

Some people say ◌ֵא and ◌ֵה the same way as ◌ֵי

How are these vowels said in your community?

בֵּית-כְּנֶסֶת is Hebrew for synagogue. It means "house of gathering." For years and years, Jews have gathered in the בֵּית-כְּנֶסֶת to pray and to share in happy events, such as weddings and Bar Mitzvah and Bat Mitzvah ceremonies. We say, "מַזָּל טוֹב" at such happy times. We also gather in the בֵּית-כְּנֶסֶת to celebrate holidays and wish a "חַג שָׂמֵחַ" to each other.

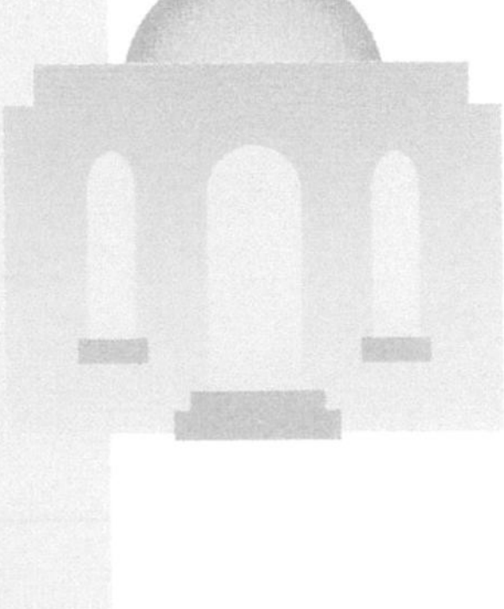

Lesson 15
KEY WORDS:
בֵּית-כְּנֶסֶת
מַזָּל טוֹב

1. זְמַן זוֹל זָקֵן זַעַף זַיִת

2. עִוּוּת כִּוּוּן שִׁוּוּק גִּוּוּן סִוּוּג

3. מְזוּזָה זִוּוּג פִּזְמוֹן זָוִית זַעֲטוּט

4. אֵין לִפְנֵי בֵּין אַחֲרֵי שַׁעֲרֵי

5. בֵּית-סֵפֶר בֵּית-קָפֶה בֵּית-חוֹלִים בֵּית-הַמִּקְדָּשׁ

6. תֵּצֵא בּוֹרֵא נוֹשֵׂא קוֹרֵא טְמֵאִים

7. שְׂמֵחָה פְּנֵה עֲשֵׂה רְאֵה רְצֵה

Cool Hebrew Phrases

"אִם אֵין אֲנִי לִי, מִי לִי?"

"If I am not for myself, who will be for me?"

— Rabbi Hillel, *Pirke Avot* 1:14

Some people say the ▒ֵ vowel as ▒ֵי in words ending in ▒ֵ▒ַח or ▒ֵ▒ַע

1. אוֹרֵחַ סוֹלֵחַ מַרְזֵחַ צוֹמֵחַ פּוֹרֵחַ

2. רוּחַ בָּטוּחַ נָפוּחַ דוּוּחַ וְכוּחַ

3. מָשִׁיחַ שָׁלִיחַ מַצְמִיחַ מַזְנִיחַ מַבְטִיחַ

4. נֹחַ מוֹחַ לִשְׁלוֹחַ כֹּחַ לִפְתֹּחַ

5. שָׁבֵעַ שׁוֹמֵעַ שׁוֹבֵעַ נוֹסֵעַ הִפְתִּיעַ

6. דִּוְחָה זָנַח שָׂמַח צָוְחָה מְנוּחָה

7. זָרַח זוֹרֵחַ זוֹרְחִים לִזְרוֹחַ זְרַח

Cool Hebrew Words

apple = תַּפּוּחַ

Lesson 15

KEY WORDS:

מַזָּל טוֹב   חַג שָׂמֵחַ   בֵּית-כְּנֶסֶת

Write the English syllable in Hebrew letters. Use vowels.
Then, circle **all** the words on the line that contain the same sound.
If you are unsure, check page 37 to see how your
community pronounces these Hebrew words.

Ray .1	______	בּוֹרֵא	בָּרָא	תִּשְׁרֵי	צוּרֵי
Say .2	______	נֵסִי	מַעֲשֵׂה	נוֹסֵעַ	נָשִׂיא
Hay .3	______	אֱלֹהֵי	אֱלֹהִים	אֲלֵהֶם	אֱלֹהַי
Bait .4	______	בַּת	בֵּית-סֵפֶר	בַּיִת	בָּתִּים
May .5	______	שָׁמַיִם	שָׂמֵחַ	מַצְמִיחַ	שְׁמֵי
Day .6	______	חַסְדֵי	דָּתִי	לוֹמֵד	רוֹדֵף

Lesson 15

KEY WORDS:

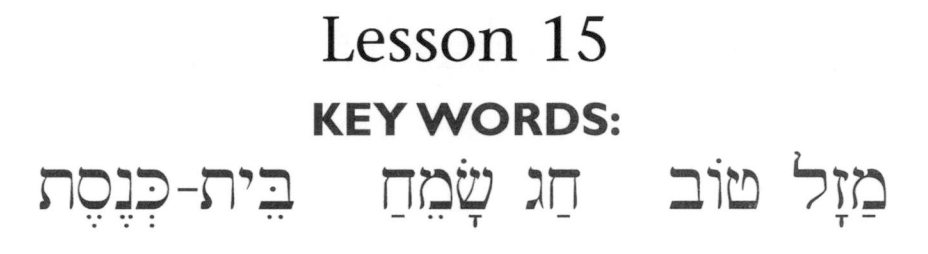

מַזָּל טוֹב   חַג שָׂמֵחַ   בֵּית-כְּנֶסֶת

Practice writing the letter Zayin.

ז ז ז

Circle each ז

ו וּ ז ד נ ז ן ג ו ז נ י ד ג ו

The words below are related to the Key Words in this chapter.
What sounds do they contain? Read them. Then, write the number of each Hebrew word in **every** correct column. The first one has been done for you.

1. דְּבַשׁ
2. מַצָּה
3. שִׂמְחַת תּוֹרָה
4. צְדָקָה
5. מִשְׁלוֹחַ מָנוֹת
6. בַּר-מִצְוָה
7. שׁוֹפָר
8. חַזָּן
9. יִזְכֹּר
10. סֵדֶר
11. סִדּוּר
12. זְמִירוֹת
13. הַתִּקְוָה

SH	V	S	TS	Z
1	1			

Lesson 15

KEY WORDS:

מַזָּל טוֹב   חַג שָׂמֵחַ   בֵּית-כְּנֶסֶת

VOWEL HINT ***When חַ appears at the end of a word, it is pronounced as if the vowel came before the letter.***

Circle the two words on each line that rhyme.

Example: מָחָא מֹחַ כֹּחַ כֹּה

1. רוּחַ רְוָחָה לֹוֶה לוּחַ
2. פִּתְחוּ פִּתּוּי תַּפּוּחַ פָּתוּחַ
3. הֲרָחָה הֵרִיחַ יָרֵחַ יָרֵא
4. לְהַנִּיחַ מַנְחֶה וּמַנִּיחַ הַנְחָיָה
5. רוֹעֶה זֶבַח רְבִיעַ רֵוַח
6. לִשְׁמֹעַ שִׁמְעִי שָׁמַע שַׁעֲרֵי
7. זוֹרֵחַ זָרוּעַ אוֹרֵחַ רוֹאֶה
8. נָשִׂיא מְשִׁיחָה מָשִׁיחַ נָשִׂיחַ

Lesson 15

KEY WORDS:

מַזָּל טוֹב   חַג שָׂמֵחַ   בֵּית-כְּנֶסֶת

Fill in the blank lines in each picture using the Hebrew words below.

בֹּקֶר טוֹב   סְלִיחָה   שָׁלוֹם

מַזָּל טוֹב   חַג שָׂמֵחַ   בְּבַקָּשָׁה

Lesson 15

KEY WORDS:

מַזָּל טוֹב חַג שָׂמֵחַ
בֵּית-כְּנֶסֶת

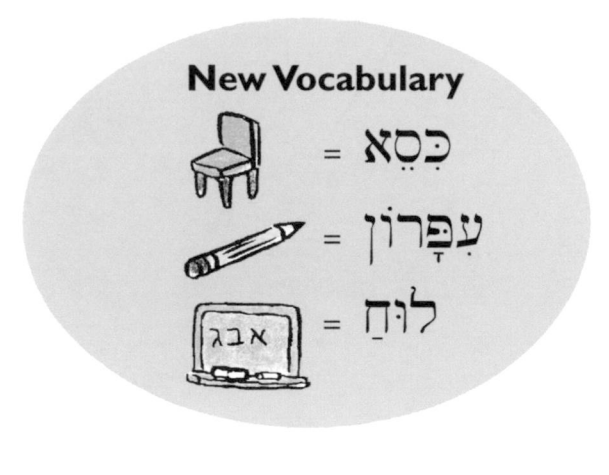

New Vocabulary

= כִּסֵּא

= עִפָּרוֹן

= לוּחַ

Complete the words.

עִבְ_ִית עַל
הַל_ _ַ

הָ_ִפָּ_ _ _ _
עַ_-_ _ַ _
הַמַּ_ְבֶּ_ֶ _

הַכֶּ_ֵ _
תַּ_ _ַ הַכִּ_ֵ _

Connect the words that match.

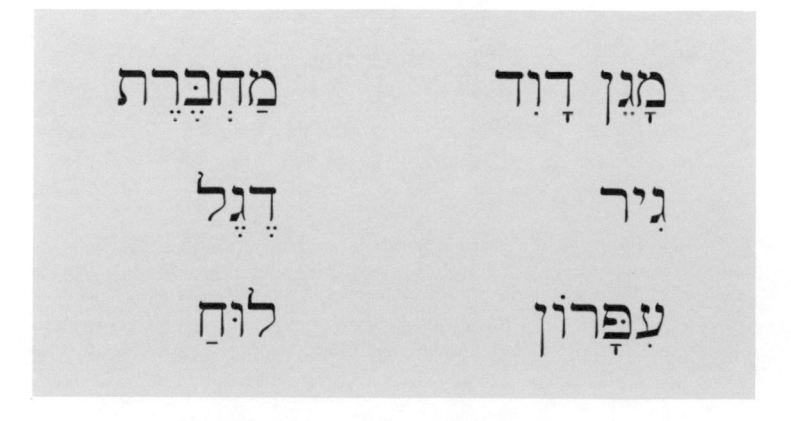

מָגֵן דָּוִד	מַחְבֶּרֶת
גִּיר	דֶּגֶל
עִפָּרוֹן	לוּחַ

Lesson 15

KEY WORDS:

מַזָּל טוֹב   חַג שָׂמֵחַ
בֵּית-כְּנֶסֶת

New Vocabulary

גָּדוֹל   קָטָן

Connect each picture to the correct phrase.

1

כֶּלֶב קָטָן
עִפָּרוֹן קָטָן
גִּיר גָּדוֹל
עִפָּרוֹן גָּדוֹל

2

עִפָּרוֹן קָטָן
כֶּלֶב גָּדוֹל
גִּיר קָטָן
עִפָּרוֹן גָּדוֹל

3

בַּיִת גָּדוֹל
לוּחַ קָטָן
דֶּגֶל קָטָן
לוּחַ גָּדוֹל

4

דֶּגֶל גָּדוֹל
לוּחַ גָּדוֹל
לוּחַ קָטָן
בַּיִת קָטָן

5

חָתוּל גָּדוֹל
דָּג גָּדוֹל
חָתוּל קָטָן
עִפָּרוֹן קָטָן

6

עִפָּרוֹן גָּדוֹל
חָתוּל גָּדוֹל
דָּג קָטָן
חָתוּל קָטָן

7

סֵפֶר קָטָן
לוּחַ גָּדוֹל
מוֹרֶה גָּדוֹל
סֵפֶר גָּדוֹל

8

סֵפֶר קָטָן
מוֹרֶה קָטָן
סֵפֶר גָּדוֹל
לוּחַ קָטָן

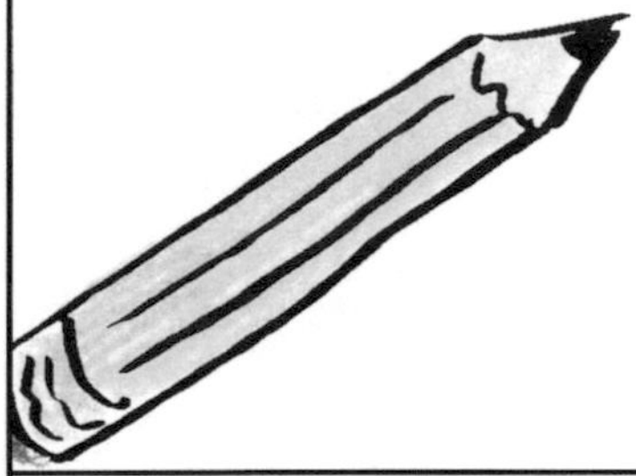

Lesson 15

KEY WORDS:

מַזָּל טוֹב   חַג שָׂמֵחַ
בֵּית-כְּנֶסֶת

New Vocabulary

= זֶבְּרָה

= נֵר

Cross out the word in each line that does not belong.
Pay attention to what the words mean.

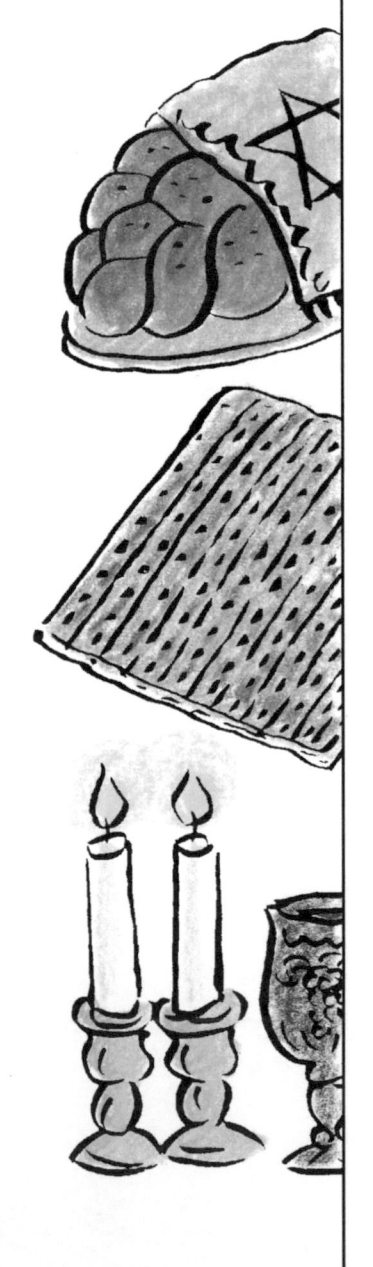

Example:	נֵר	~~גִּיר~~	שַׁבָּת
.1	סֵפֶר	הַגָּדָה	יֶלֶד
.2	בַּר-מִצְוָה	רַבִּי	עִפָּרוֹן
.3	חַג שָׂמֵחַ	לוֹמֵד	מַזָּל טוֹב
.4	פּוֹפְּקוֹרְן	עִבְרִית	יִשְׂרָאֵל
.5	שָׁלוֹם	אָלֶף	בֹּקֶר טוֹב
.6	לוּחַ	זֶבְּרָה	כִּסֵּא
.7	עַל	כֵּן	לֹא
.8	נֵר	יַיִן	אַתָּה
.9	כֶּלֶב	חָתוּל	צְדָקָה
.10	אַתְּ	נֵר	אַתָּה
.11	מוֹרֶה	כִּתָּה	דָּג
.12	אַבָּא	מָגֵן דָּוִד	מִשְׁפָּחָה
.13	קָטָן	מִי	גָּדוֹל

Lesson 15

KEY WORDS: מַזָּל טוֹב   חַג שָׂמֵחַ   בֵּית-כְּנֶסֶת

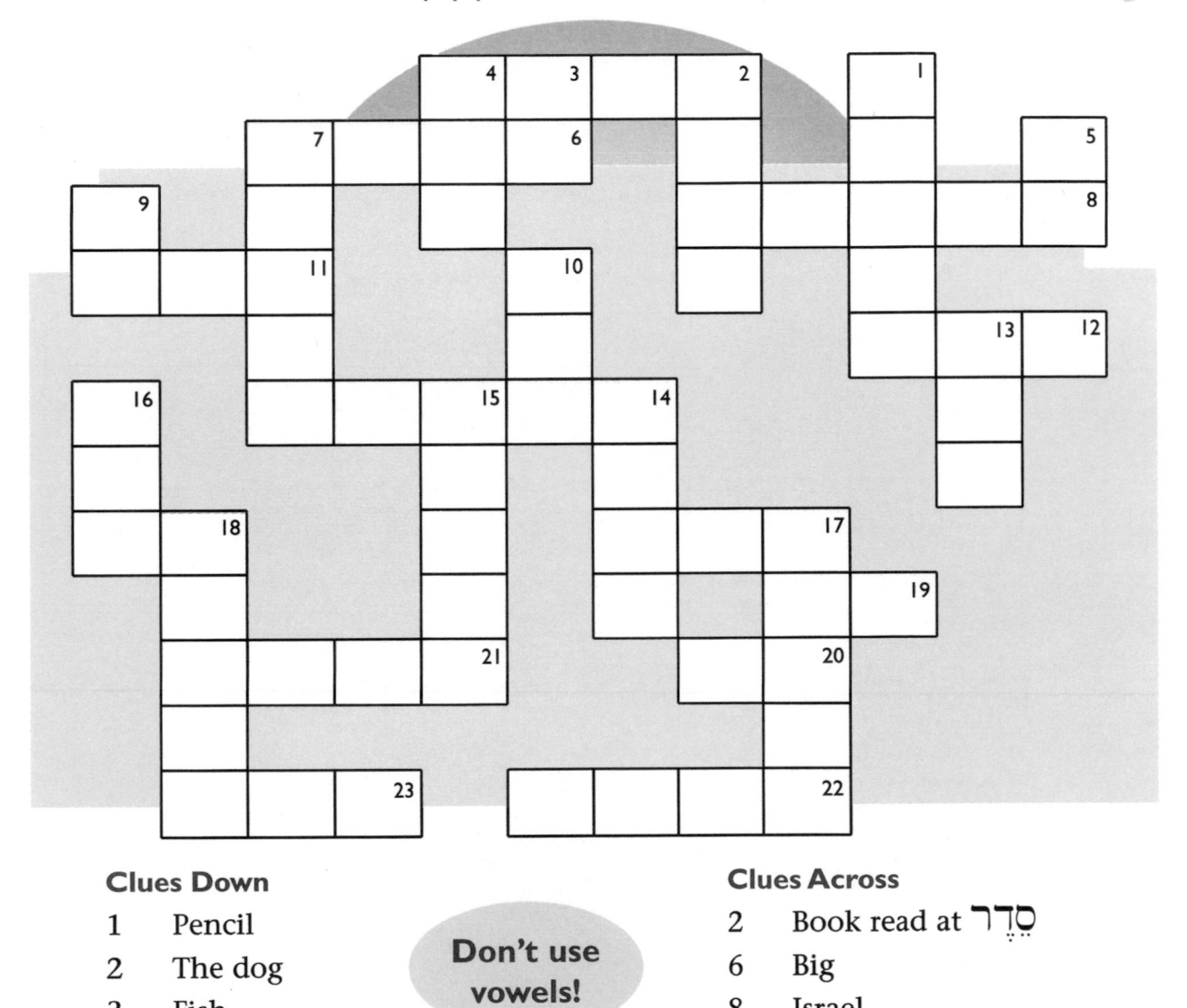

Clues Down

1. Pencil
2. The dog
3. Fish
4. The fish
5. Who?
7. (She) learns
9. What?
10. Happy holiday = ___ ___ ___ חַג
13. Congratulations = ___ ___ ___ מַזָּל
14. Teacher
15. Please, You're welcome
16. Water
17. Excuse me
18. Hebrew

Don't use vowels!

Clues Across

2. Book read at סֵדֶר
6. Big
8. Israel
11. Eaten on פֶּסַח
12. Small
14. Notebook
17. Book
18. With
19. On
20. Hand, Torah pointer
21. The book
22. The chair
23. House

Lesson 15

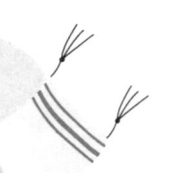

PREPARE for PRAYER

KEY WORDS:

מַזָּל טוֹב   חַג שָׂמֵחַ   בֵּית-כְּנֶסֶת

1. אֱלֹהֵינוּ וֵאלֹהֵי אֲבוֹתֵינוּ
2. מִזְמוֹר שִׁיר לְיוֹם הַשַּׁבָּת
3. עָלֵינוּ לְשַׁבֵּחַ לַאֲדוֹן הַכֹּל
4. תִּכּוֹן בֵּית תְּפִלָּתִי וְשָׁם תּוֹדָה נְזַבֵּחַ
5. וְשָׁמְרוּ בְנֵי-יִשְׂרָאֵל אֶת-הַשַּׁבָּת
6. לַעֲשׂוֹת אֶת-הַשַּׁבָּת לְדֹרֹתָם בְּרִית עוֹלָם
7. בֵּינִי וּבֵין בְּנֵי יִשְׂרָאֵל אוֹת הִיא לְעֹלָם
8. בְּרֵאשִׁית בָּרָא אֱלֹהִים

Cool Hebrew Words

בְּרֵאשִׁית

Genesis (the first book of the Torah)

The word בְּרֵאשִׁית means "in the beginning." It is the first word in the Torah. בְּרֵאשִׁית is related to the word רֹאשׁ (head). Find the word רֹאשׁ in בְּרֵאשִׁית and color in those letters.

ב ר א ש י ת

Lesson 16

KEY WORDS:

עֵץ חַיִּים   מִצְוֹת

New Letters:

Final **Tz**adi ץ

New Vowels:

מִצְוּוֹת = מִצְוֹת

In Hebrew, you cannot have two vowels in a row.

When וֹ follows a ְ or another vowel, it is pronounced as וֹו

Each end of a Torah scroll is tied to a wooden roller. This roller is called עֵץ חַיִּים in Hebrew. The phrase עֵץ חַיִּים means "a tree of life." עֵץ חַיִּים is also a name for the Torah. The roots of a tree grow deep in the ground. The Torah roots us in our people's tradition. The branches of a tree reach out into the world. By doing מִצְוֹת we bring the תּוֹרָה into the world.

Lesson 16
KEY WORDS:
עֵץ חַיִּים
מִצְוֹת

.1	הַמִּצְוֹת	בְּמִצְוֹת	וּמִצְוֹת	מִצְוֹתָיו	הֹוֶה
.2	עָוֹן	וְעָוֹן	עֲוֹנוֹת	עֲוֹנֵינוּ	עֲוֹנוֹתֵינוּ
.3	חָמֵץ	חֹמֶץ	אֶרֶץ	אֹמֶץ	חָפֵץ
.4	מַאֲמָץ	לְהִתְאַמֵּץ	מֵרוֹץ	לְהִתְרוֹצֵץ	לְהִתְרַחֵץ
.5	לַעֲטוֹף	נֶעֱטָף	לַחְשׂוֹף	נֶחֱשָׂף	לְהַעֲדִיף
.6	פְּרִיצָה	מִפְרָץ	פּוֹרֵץ	פָּרַצְתָּ	הִתְפָּרֵץ
.7	יָעֵף	נֶאֱמָן	אָמִיץ	שָׂפָם	חָמוּץ

Cool Hebrew Words

Kibbutz (collective farm or community in Israel = קִבּוּץ

The Land of Israel = אֶרֶץ יִשְׂרָאֵל

Lesson 16

KEY WORDS: מִצְוֹת   עֵץ חַיִּים

Remember the וֹ rule: You can't have two vowels in a row in Hebrew.
So, if you see the ֹ right after a vowel, it can't be just the ֹ vowel.
It must be the וֹ sound.

Circle the word on each line that contains the "**vo**" sound.
Then, write the score for each circled word on its line.
To find out how many מִצְוֹת are in the תּוֹרָה add up the scores.

א.	400 מִצְוַת	200 מִצְוֹת	________
ב.	200 מִצְוֹת	100 מַצּוֹת	________
ג.	150 עוֹיֵן	100 עָוֹן	________
ד.	100 עֲוֹנֵינוּ	50 עוֹנֶה	________
ה.	6 מִצְוֹתָיו	5 בִּמְרוֹמָיו	________
ו.	4 מִצְוָה	3 מִצְוֹת	________
ז.	2 מָכוֹן	1 מָבוֹא	________
ח.	2 עוֹף	1 עָוֹן	________
ט.	2 עֵדְוֹת	1 עֵדוּת	+________

TOTAL = ________

The number of מִצְוֹת in the תּוֹרָה is ______.

Lesson 16

KEY WORDS: מִצְוֹת עֵץ חַיִּים

Remember! A Tsadi that is not final looks like this: צ

Practice writing both forms of the Tsadi.

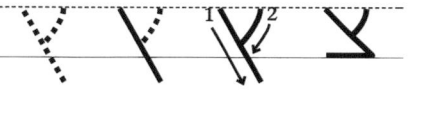

צ ץ ץ ץ

Fill in the correct Tsadi.

613 in the Torah	מִ__ְוֹת
Juice	מִי__
Land	אֶרֶ__
Helping those in need	__ְדָקָה
Eaten on פֶּסַח	מַ__ָה
Not eaten on פֶּסַח	חָמֵ__
Egg	בֵּי__ָה
Jump	קוֹפֵ__
Want	רוֹ__ֶה
Israeli farm	קִבּוּ__
Zion (Israel)	__ִיוֹן

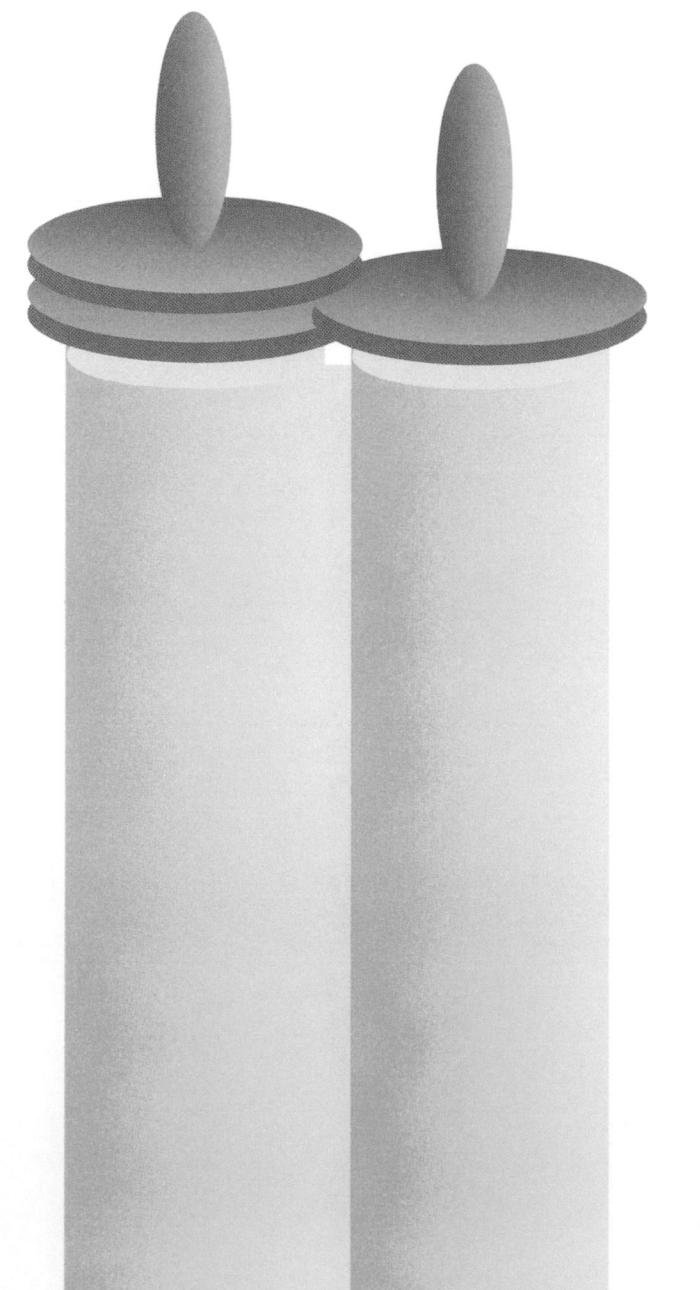

Lesson 16

KEY WORDS:

עֵץ חַיִּים   מִצְוֹת

New Vocabulary

Where?= אֵיפֹה?

school = בֵּית-סֵפֶר

Fill in the blanks.

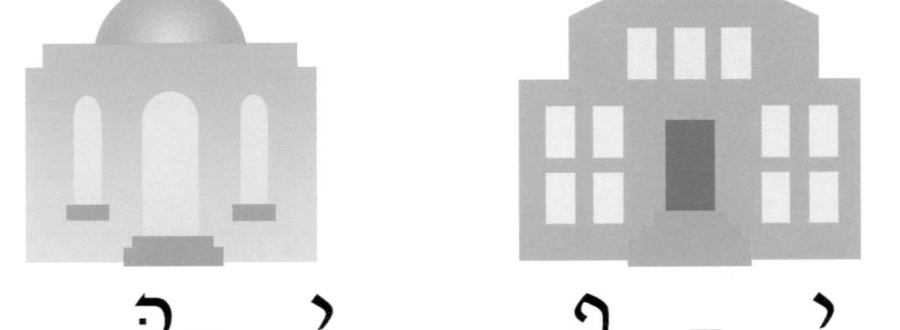

___ י ___ - ___ כְּ ___ ___ ___   ___ י ___ - ___ פֶּ ___   ___ ___ ___

Check the best answer(s).

	בַּיִת	בֵּית-סֵפֶר	בֵּית-כְּנֶסֶת
1. אֵיפֹה אַבָּא?			
2. אֵיפֹה אִמָּא?			
3. אֵיפֹה גִּיר?			
4. אֵיפֹה תּוֹרָה?			
5. אֵיפֹה עֵץ חַיִּים?			
6. אֵיפֹה לוּחַ?			
7. אֵיפֹה בַּר-מִצְוָה?			
8. אֵיפֹה מִשְׁפָּחָה?			
9. אֵיפֹה שׁוֹפָר?			

Lesson 16

KEY WORDS: עֵץ חַיִּים מִצְוֹת

Fill in the correct question word.

מִי? מַה? אֵיפֹה?

Example: אֵיפֹה אִמָּא? אִמָּא בַּבַּיִת.

1. ______ הָעִפָּרוֹן? הָעִפָּרוֹן תַּחַת הַמַּחְבֶּרֶת.
2. ______ בַּכִּתָּה? הַמּוֹרָה בַּכִּתָּה.
3. ______ אַתָּה לוֹמֵד? אֲנִי לוֹמֵד עִבְרִית.
4. ______ אוֹהֵב מִילְק שֵׁיק? יוֹסֵף אוֹהֵב מִילְק שֵׁיק.
5. ______ בַּבַּיִת? יַיִן וְחַלָּה בַּבַּיִת.
6. ______ מָגֵן דָוִד? מָגֵן דָוִד עַל הַדֶּגֶל.
7. ______ מִרְיָם אוֹהֶבֶת? מִרְיָם אוֹהֶבֶת פִּיצָה.
8. ______ הַדָּג? הַדָּג בַּמַּיִם.
9. ______ עַל-יַד הַלּוּחַ? מוֹרֶה וְיֶלֶד.
10. ______ יֶלֶד גָּדוֹל? דָוִד יֶלֶד גָּדוֹל.

Lesson 16

KEY WORDS:

בְּרָכָה   שֻׁלְחָן

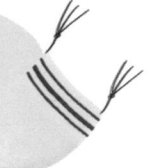

PREPARE for PRAYER

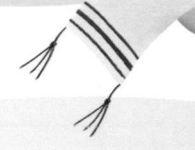

1. בּוֹרֵא פְּרִי הָעֵץ
2. מֵאֶרֶץ מִצְרָיִם
3. תּוֹרָה וּמִצְוֹת
4. אֶרֶץ זָבַת חָלָב וּדְבַשׁ
5. עַל הָאָרֶץ הַטּוֹבָה
6. עַל הָאָרֶץ וְעַל הַמָּזוֹן
7. סְלַח נָא לַעֲוֹן הָעָם הַזֶּה
8. וְהוּא הָיָה וְהוּא הֹוֶה וְהוּא יִהְיֶה בְּתִפְאָרָה.

Cool Hebrew Words

"עֵץ חַיִּים הִיא לַמַּחֲזִיקִים בָּהּ."

"It is a Tree of Life to those who hold it tightly."

— Siddur

The Torah is often called עֵץ חַיִּים — a "tree of life." Draw your vision of the Torah as an עֵץ חַיִּים in the space to the right.

Lesson 17

KEY WORDS:

בְּרָכָה   שֻׁלְחָן

New Letters:

Chaf כ

New Vowels:

וּ = ֻ

ֻ has the sound of "oo" as in "boo."

The שֻׁלְחָן is important in Jewish life because we celebrate so many Jewish events while gathered around it. We usually recite at least one בְּרָכָה around the שֻׁלְחָן at these special celebrations. By reciting a בְּרָכָה around the שֻׁלְחָן we turn an ordinary meal into a Jewish celebration.

1. חָכָם שֵׂכֶל אֵיכָה טֶכֶס חָכַר
2. מִכְרָז שׂוֹכְרֵי טֶכְנִי רוֹכְשֵׁי טַכְסִיס
3. לְכַוֵּן זְכוּת מְכוֹנִית מְכֹעָר לְהַכְרִיחַ
4. כֹּחַ לְחַכּוֹת כָּחוּשׁ כְּחוּשִׁים הֶחְכִּים
5. חוֹבְשֵׁי חֲשִׁיבוּת חֲבוּרָה נֶחֱטַב אֶבְטַח
6. זָכוּר זֵכֶר זִכָּרוֹן יִזְכּוֹר זִכְרוֹנוֹת
7. כְּתַב מִכְתָּב כְּאֵב מַכְאוֹב אַכְזִיב

Cool Hebrew Phrases

"שָׁלוֹם עֲלֵיכֶם מַלְאֲכֵי הַשָּׁרֵת מַלְאֲכֵי עֶלְיוֹן."

"Peace to you, heavenly angels."

— Siddur

Lesson 17
READING PAGE
KEY WORDS:
בְּרָכָה שֻׁלְחָן

זֻיַּף	כֻּוַּץ	פֻּרְסַם	כֻּשַּׁף	שֻׁפַּץ	.1
מְזֻיָּף	מְכֻוָּץ	מְפֻרְסָם	מְכֻשָּׁף	מְשֻׁפָּץ	.2
זֻיַּפְנוּ	כֻּוַּצְנוּ	פֻּרְסַמְנוּ	כֻּשַּׁפְנוּ	שֻׁפַּצְנוּ	.3
סֻכֶּרֶת	כְּנֶסֶת	נִבְחֶרֶת	מִכְפֶּלֶת	כַּוֶּנֶת	.4
מְכֻנָּס	מְרֻפָּד	מְכֻפָּל	מְכֻבָּד	מְכֻרְבָּל	.5
גְּאֻלָּה	חֲנֻכָּה	סֻכּוֹת	סֻכָּה	חֻמָּשׁ	.6
חַיֵּינוּ	חַסְדֵי	אֵיזֶהוּ	מַעֲשֵׂינוּ	הֵטִיב	.7

Cool Hebrew Phrases

"הַפּוֹרֵשׂ סֻכַּת שָׁלוֹם עָלֵינוּ"

"Who shelters us with peace"

— Siddur

Lesson 17

KEY WORDS: שֻׁלְחָן בְּרָכָה

Write both letters that make the "**ch**" sound as in Chanukah.

כ ח

Put a circle around each letter in the חֲנֻכִּיָּה
that makes the "**ch**" sound as in שֻׁלְחָן or בְּרָכָה

In each row, circle the two letters that make the same sound.

1 שׁ שׂ ם צ ז ס

2 כּ ז ו בּ ב כ

3 בּ מ ע ט ח ת

4 ו א ט מ ע צ

5 כ ה תּ ח בּ כּ

6 בּ כּ ב ק ח ת

Lesson 17

KEY WORDS: שֻׁלְחָן בְּרָכָה

Circle the two words on each line that sound alike.

1. לִי לוֹ לֹא לוֹ
2. עֶרֶשׂ אֶרֶס אָרוּס עֲשַׂב
3. כּוֹר קוֹד כּוּר קוּר
4. סֶלָא סֶלָה סִלָא סוּלָה
5. עוּצַב עִצוּם עֲצַב אָדוֹם
6. מוּבָן מוּכָן מוֹחָן מוּחָן
7. זֹאת זוּט זֻכָה סֻכָּה
8. מוֹטָה מֶטָה מְטָה מוּטָה

Lesson 17

KEY WORDS: שֻׁלְחָן   בְּרָכָה

Circle the words that you find in the picture.

דֶגֶל	שֻׁלְחָן
יַלְדָה	הַגָּדָה
מַחְבֶּרֶת	מוֹרֶה
לוּחַ	חַלָּה
מַיִם	מִשְׁפָּחָה
כִּסֵא	עִפָּרוֹן
עֵץ חַיִּים	נֵר
סֵפֶר	גִיר

Fill in the blanks.

אֵיפֹה הַיֶּלֶד?

הַיֶּלֶד בַּכִּתָּה?

כֵּן, ________ ________.

הַיֶּלֶד עַל הַכִּסֵא?

______, הַיֶּלֶד לֹא עַל ________.

הַיֶּלֶד עַל-יַד הַשֻּׁלְחָן?

______, הַיֶּלֶד לֹא עַל-יַד ________.

הַיֶּלֶד עַל הַשֻּׁלְחָן?

לֹא, ________ ______ עַל ________.

אֵיפֹה הַיֶּלֶד?

הַיֶּלֶד ________ ________.

אֵיפֹה הָעִפָּרוֹן?

הָעִפָּרוֹן בַּכִּתָּה?

כֵּן, ________ ________.

הָעִפָּרוֹן עַל הַמּוֹרֶה?

לֹא, הָעִפָּרוֹן לֹא ______ ________.

הָעִפָּרוֹן עַל הַשֻּׁלְחָן?

לֹא, ________ לֹא ______ ________.

הָעִפָּרוֹן תַּחַת הַכִּסֵא?

לֹא, ________ ______ תַּחַת ________.

אֵיפֹה הָעִפָּרוֹן?

________ ______ ________.

Lesson 17

KEY WORDS: בְּרָכָה שֻׁלְחָן

Holiday Match-up

Write the word that matches each holiday.

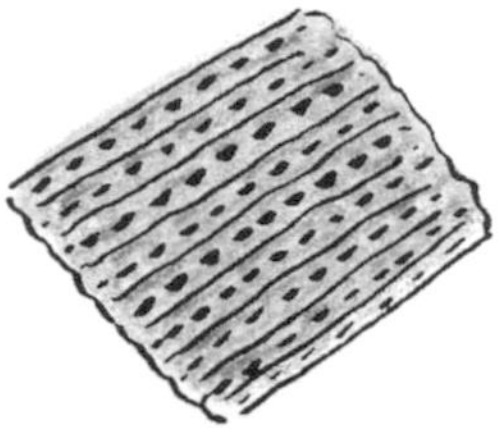

פֶּסַח ____________ שׁוֹפָר

שַׁבָּת ____________ מַכַּבִּי

פּוּרִים ____________ מַצָּה

סֻכּוֹת ____________ חַלָּה

רֹאשׁ הַשָּׁנָה ____________ הָמָן

חֲנֻכָּה ____________ סֻכָּה

Find all of the holiday words in the puzzle below.

ת	וֹ	כּ	ס	ח	פ	ר
צ	י	בּ	כּ	מ	ס	מ
מ	ח	י	ה	ל	ח	צ
ה	נ	שׁ	ה	שׁ	א	ר
מ	כּ	וֹ	ת	בּ	מ	י
ן	ה	פ	ר	ת	צ	ט
ם	י	ר	וּ	פ	ה	ל

Lesson 17

KEY WORDS:

בְּרָכָה שֻׁלְחָן

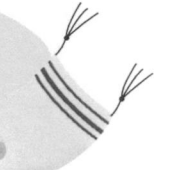

1. נָכוֹן סְגֻלָּה שָׂכָר מְהַלֵּל חֲכָמִים
2. כֻּלָּם לָכֶם אֶתְכֶם בְּנֵיכֶם עֵינֵיכֶם
3. חֻקַּי גְּדֻלָּה גְּדֻלָּתוֹ קְדֻשָּׁה קְדֻשָּׁתוֹ
4. מַלְכֵּנוּ מַלְכֵי מַלְכוּתוֹ מַלְכוּתֵהּ מְלָכִים
5. שֶׁכָּכָה כּוֹכָבִים כָּמֹכָה כְּכֻלּוֹת מְכַלְכֵּל
6. כַּלָּה לְכָה כֻּלּוֹ לָכֵן כֻּלָּנוּ
7. הָרַחֲמָן, הוּא יִשְׁלַח לָנוּ בְּרָכָה מְרֻבָּה בַּבַּיִת הַזֶּה וְעַל שֻׁלְחָן זֶה שֶׁאָכַלְנוּ עָלָיו.

Cool Hebrew Words

Mezuzot (more than one mezuzah) = מְזֻזוֹת

The וְאָהַבְתָּ is a passage in the Torah. It is also found in the סִדּוּר and the מְזוּזָה because it is so important. The וְאָהַבְתָּ contains the מִצְוֹת to love God, to study תּוֹרָה and to pray each evening and morning. The וְאָהַבְתָּ tells us that we should write these מִצְוֹת on the doorposts of our homes. This reminds us to do them when we are at home and when we go out.

Lesson 18

KEY WORDS:

מֶלֶךְ חַי

New Letters:

Final **Ch**af ך

New Vowels:

ַי has the sound of "eye."

ֵי = ֵ

The Hebrew word חַי means "life." The Hebrew word מֶלֶךְ means a "king" or "ruler." When we refer to a person, מֶלֶךְ means "king." When we refer to God, מֶלֶךְ means "Ruler."

What is the first prayer we say when we get up each morning? We thank the מֶלֶךְ חַי (the Living Ruler) for allowing us to wake up to a new day. We say:

I give thanks to You,	מוֹדֶה אֲנִי לְפָנֶיךָ,
The Living Ruler,	מֶלֶךְ חַי וְקַיָּם,
Who wakes me to a new day	שֶׁהֶחֱזַרְתָּ בִּי נִשְׁמָתִי
With great mercy.	בְּחֶמְלָה רַבָּה אֱמוּנָתֶךָ.

Lesson 18
READING PAGE
KEY WORD:
מֶלֶךְ

1. עַמְּךָ   אָבִיךָ   בְּךָ   לְךָ   שֶׁלְּךָ
2. עַמֵּךְ   אָבִיךְ   בָּךְ   לָךְ   שֶׁלָּךְ
3. רֵיחַ   רַךְ   נִסּוּחַ   נָסִיךְ   נְסִיכֵי
4. לְהִתְרוֹצֵץ   לְרַכְרֵךְ   לְכוֹפֵף   לְלַכְלֵךְ   לְצַנֵּן
5. מֶלֶךְ   מַלְכָּה   מְלוּכָה   יִמְלוֹךְ   מַמְלַכְתֶּךָ
6. מַדְרִיךְ   מַדְרִיכָה   דֶּרֶךְ   דְּרָכָיו   דְּרָכֶיךָ
7. בֶּרֶךְ   בָּרוּךְ   בְּרָכָה   יְבָרֵךְ   יִתְבָּרֵךְ
8. כִּנְאֻמֶךָ   מְאֹדֶךָ   לְבָבְךָ   שְׁעָרֶיךָ   מִצְוֹתֶיךָ

Cool Hebrew Phrases

"וְאָהַבְתָּ לְרֵעֲךָ כָּמוֹךָ."

"Love your friend as yourself."

— Leviticus 19:18

Lesson 18
READING PAGE
KEY WORDS:
מֶלֶךְ חַי

1. דַי עָלַי פָּנַי טוּרַי סִינַי

2. שְׁפָתַי רַבּוֹתַי גְבִירוֹתַי זְמַנַי מְשָׂגַי

3. אֲזַי דְבָרַי אֱמוּנַי אֲבוֹתַי מוֹעֲדַי

4. אֵיזֶה דִבְרֵי אֱמוּנֵי אֲבוֹתֵי מוֹעֲדֵי

5. מֵימַי עֵינַי בֵּיתִי אִימָתַי שִׁירַי

6. אָדוֹן אֲדוֹנִי אֲדוֹנַי אֲדוֹנֵי אֲדוֹנֵינוּ

7. אֱלֹהִים אֱלֹהַי אֱלֹהֵי אֱלֹהֶיךָ אֱלֹהֵיכֶם

Note: אֲדוֹנָי = יְיָ

Cool Hebrew Phrases

"דָוִד מֶלֶךְ יִשְׂרָאֵל, חַי וְקַיָּם."

"David, King of Israel, still lives!"

— Folksong

Lesson 18

KEY WORDS: מֶלֶךְ חַי

New Letter: Final **Ch**af ךְ

Remember! A Chaf that is not final looks like this: כ

The Final Chaf will usually appear with one of these vowels: ךְ or ךָ

Practice writing all three forms of the Chaf.

כ ךְ ךָ

With which sound does each word end? Put a check in the correct column.

An example has been done for you.

day	dye	do	deed	
		✔		**Example** לַמְדוּ
				תַּלְמִידַי .1
				תַּלְמִידֵי .2
				יְלַמְדוּ .3
				יְדִיד .4
				מוֹעֲדַי .5
				מְדִיד .6
				מוֹעֲדֵי .7
				עִבְדוּ .8

Lesson 18

KEY WORDS: חַי מֶלֶךְ

Now you know all five final letters. Draw a line from each letter to its final form.

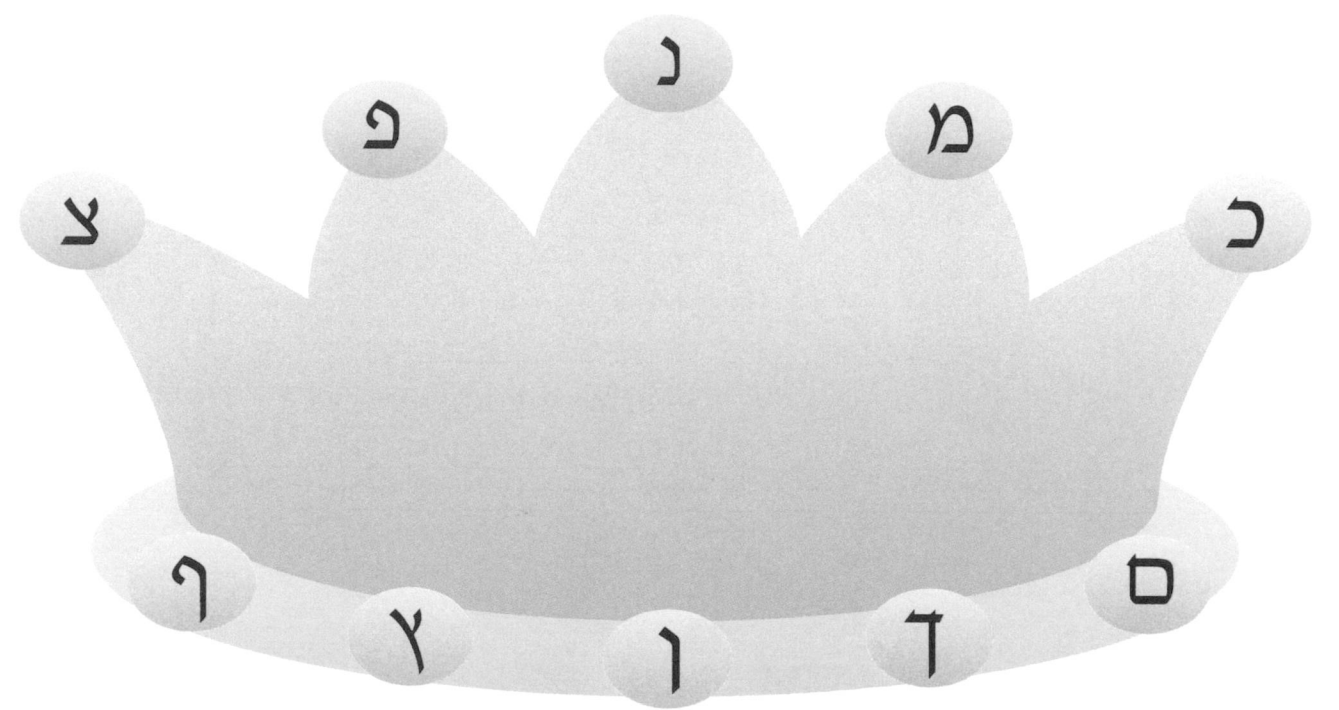

Circle the two words in each line that sound the same.

א. אַךְ אַף אֵיךְ אָח

ב. סֶלֶק שַׁלַּח שָׁלָךְ שֶׁלֶךְ

ג. כָּמֹכָה כְּמוֹחַ כָּמוֹךָ כָּמוֹהוּ

ד. מָלַךְ מַלְכוּתֶךָ מַלָּח מָלוּח

Circle the two words in each line that rhyme.

1. בְּרָכָה בְּרִיחָה בָּרַח בָּרוּךְ

2. לִכְלוּךְ לָקְחָה לָךְ לְךָ

3. זְרִיחָה זוֹרֵק זוֹרֵחַ זַרְעֶךָ

Lesson 18

KEY WORDS: חַי   מֶלֶךְ

Complete the words below.

1. שָׁלוֹ__   Peace/hello

2. בָּרוּ__   The first word in a blessing

3. סֵ__ר   Book

4. קִבּוּ__   Farm or community in Israel

5. מַ__ָה   Bread eaten on פֶּסַח

6. קָטָ__   Small

7. בְּרָ__ָה   A blessing

8. מֶלֶ__   King

9. __ַיִ__   Water

10. __ר   Candle

11. עֵ__ חַיִּים   Tree of life

12. אָלֶ__   The first letter in the Hebrew alphabet

13. __ָגֵ__ דָּוִד   Star of David

14. יוֹסֵ__   He had a coat of many colors

15. __ַיִ__   Wine

Lesson 18

KEY WORDS: חַי מֶלֶךְ

Write the word חַי next to any living thing. The first one has been done.

1. אַבָּא ___חַי___
2. בֵּית-כְּנֶסֶת ______
3. גִּיר ______
4. דָּג ______
5. הַגָּדָה ______
6. וְ___ ______
7. זְמַן (time) ______
8. חַלָּה ______
9. טוֹב ______
10. יֶלֶד ______
11. כֶּלֶב ______
12. לוּחַ ______
13. מֶלֶךְ ______
14. נֵר ______
15. סֵפֶר ______
16. עִפָּרוֹן ______
17. פּוּרִים ______
18. צְדָקָה ______
19. קִדּוּשׁ ______
20. רַבִּי ______
21. שֻׁלְחָן ______
22. תּוֹרָה ______

Starting with א write in the first letter of each word to create your own א-ב chart. Two examples have been done.

___ 8	___ 7	___ 6	___ 5	___ 4	___ 3	בּ 2	א 1
___ 16	___ 15	___ 14	___ 13	___ 12	___ 11	___ 10	___ 9
	___ 22	___ 21	___ 20	___ 19	___ 18	___ 17	

Lesson 18
KEY WORDS: מֶלֶךְ   חַי

בִּרְכוֹת שֶׁל שַׁבָּת

Shabbat Blessings

עַל הַנֵּרוֹת:

בָּרוּךְ אַתָּה יְיָ אֱלֹהֵינוּ מֶלֶךְ הָעוֹלָם

אֲשֶׁר קִדְּשָׁנוּ בְּמִצְוֹתָיו

וְצִוָּנוּ לְהַדְלִיק נֵר שֶׁל שַׁבָּת.

עַל הַיַּיִן:

בָּרוּךְ אַתָּה יְיָ אֱלֹהֵינוּ מֶלֶךְ הָעוֹלָם

בּוֹרֵא פְּרִי הַגָּפֶן.

עַל הַלֶּחֶם:

בָּרוּךְ אַתָּה יְיָ אֱלֹהֵינוּ מֶלֶךְ הָעוֹלָם

הַמּוֹצִיא לֶחֶם מִן הָאָרֶץ.

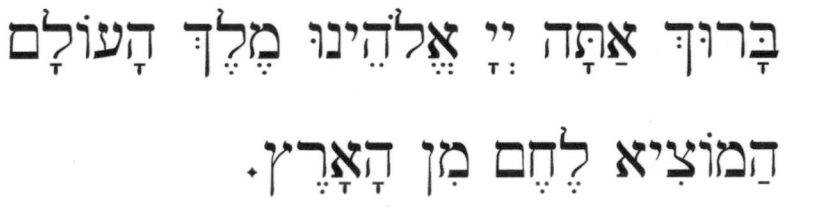

Lesson 19

KEY WORDS:

בְּכָל נַפְשְׁךָ

New Vowels:

◌ָ sometimes has the sound of וֹ (כּוֹל = כָּל)

Some prayer books use a different symbol

for the ◌ָ when it makes the וֹ sound (◌ָ or ◌ׇ)

◌ֳ always has the sound וֹ

▮▮ְ▮ְ▮

The first ◌ְ is silent. The second ◌ְ is a very short ◌ֶ sound.

Loving God בְּכָל נַפְשְׁךָ is taught in the וְאָהַבְתָּ prayer. The word נֶפֶשׁ means "breath" or "life." Rabbi Akiva used to teach that loving God בְּכָל נַפְשְׁךָ means loving God "with all your life, even if God takes your life."

Many people risk their lives for the sake of others. Firefighters and police officers do this every day. Great leaders, like Martin Luther King and Yitzhak Rabin, faced real danger to bring freedom and peace to others. Sometimes, ordinary people also do great deeds to help or rescue others. Such heroes show us what loving God בְּכָל נַפְשְׁךָ really means.

On this page, every time you see ָ pronounce it as ֹ

1. כָּל כְּכָל וְכָל לְכָל מִכָּל

2. עָזִּי עָנִי מָהֳרַת אָהֳלִים צָהֳרַיִם

3. גָּדְלוֹ חָפְשִׁי צָרְכּוֹ אָזְנַיִם קָדְשׁוֹ

4. קָרָאֻנוּ עָנֵּנוּ חָנֵּנוּ עָזְרֵנוּ זָכְרֵנוּ

5. עֹדֶף חֹזֶק אֹמֶץ עֹגֶן חֹרֶף

6. תִּזְכְּרוּ יִכְבְּשׁוּ נִטְמְאוּ יִשְׂמְחוּ יִבְטְחוּ

7. מִשְׂגְּבֵי מֶחְקְרֵי מִכְרְזֵי מִגְדְּלֵי מִבְטְחֵי

Lesson 19

KEY WORDS: בְּכָל נַפְשְׁךָ

Each of the following words contains the וֹ sound just once.
Using a colored marker, highlight the vowel that makes the וֹ sound in each word.
Then read these words to your teacher. The first line has been marked for you.

1. מַלְכוּתוֹ אֳנִיָּה קָדְשְׁךָ חָכְמָה צֹאן

2. עֳנִי בּוֹרֵא כָּל חֹרֶף חָפְשִׁי

3. זָכְרֵנוּ עֹנֶג מַעֲלוֹת מִכָּל קָדְשִׁי

4. אָזְנַיִם הַכֹּל קָדוֹשׁ חָנֵּנוּ עוֹלָם

5. יִמְלֹךְ אֲנִי אֹהֶל צְבָאוֹת קָרְאֵנוּ

1. Circle the vowels that **always** make the וֹ sound.

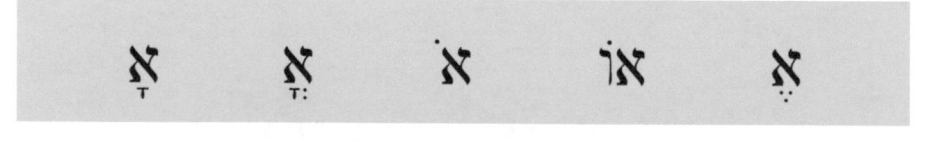

אֶ	אוֹ	אֹ	אֳ	אָ

1. Circle the vowel that **sometimes** makes the וֹ sound.

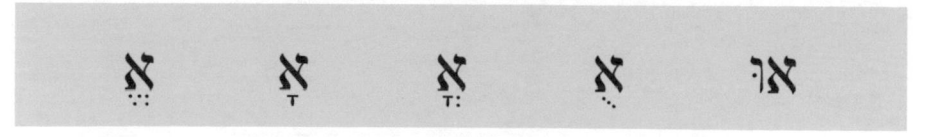

אוּ	אֻ	אֳ	אָ	אֱ

BONUS: This word has two vowels that make the וֹ sound.
Highlight both of them.

קָדְשׁוֹ

Lesson 19

KEY WORDS: בְּכָל נַפְשְׁךָ

Read these words that are the same in Hebrew and English.
Then, write the words in English in the correct places on the chart.

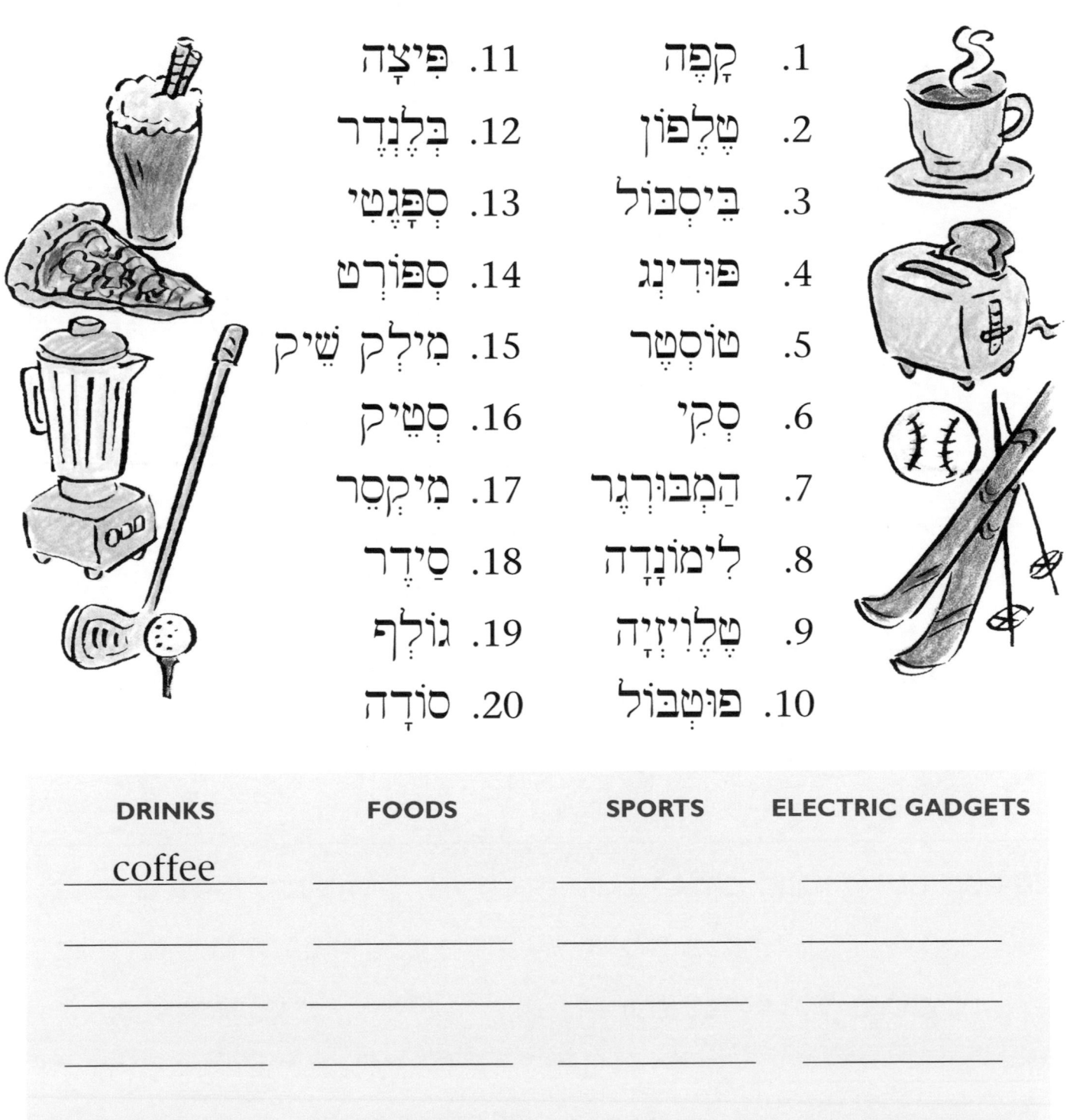

.11	פִּיצָה	.1	קָפֶה
.12	בְּלֶנְדֶר	.2	טֶלֶפוֹן
.13	סְפָּגֶטִי	.3	בֵּיסְבּוֹל
.14	סְפּוֹרְט	.4	פּוּדִינְג
.15	מִילְק שֵׁיק	.5	טוֹסְטֶר
.16	סְטֵיק	.6	סְקִי
.17	מִיקְסֶר	.7	הַמְבּוּרְגֶר
.18	סִידֶר	.8	לִימוֹנָדָה
.19	גוֹלְף	.9	טֶלֶוִיזְיָה
.20	סוֹדָה	.10	פּוּטְבּוֹל

DRINKS	FOODS	SPORTS	ELECTRIC GADGETS
coffee			

Lesson 19

KEY WORDS: בְּכָל נַפְשְׁךָ

Choose a caption for each picture.
Write a caption for the picture that is missing one.

א. כֶּלֶב עַל-יַד חָתוּל וְדָג.

ב. יַלְדָּה לוֹמֶדֶת עִבְרִית עִם מוֹרֶה.

ג. עִפָּרוֹן וְגִיר בַּיָּד.

ד. נֵרוֹת וְחַלָּה עַל הַשֻּׁלְחָן.

ה. כִּסֵּא גָּדוֹל עַל-יַד כִּסֵּא קָטָן.

ו. בְּנִי אוֹהֵב הַמְּבּוּרְגֶר עִם קֶטְשׁוֹפּ.

ז. לוּחַ בַּכִּתָּה.

ח. בֵּית-סֵפֶר עַל-יַד בֵּית-כְּנֶסֶת.

ט. ______________________.

Lesson 19
KEY WORDS: בְּכָל נַפְשְׁךָ

Reading Reminder

The ָ in חָפְשִׁי and כָל

is said וֹ

Israel's National Anthem

הַתִּקְוָה

So long as in our heart	כָּל עוֹד בַּלֵּבָב פְּנִימָה
a Jewish spirit sings,	נֶפֶשׁ יְהוּדִי הוֹמִיָּה,
as long as the eye looks eastward	וּלְפַאֲתֵי מִזְרָח קָדִימָה
gazing toward Zion,	עַיִן לְצִיּוֹן צוֹפִיָּה –
Our hope is not lost,	עוֹד לֹא אָבְדָה תִקְוָתֵנוּ,
The hope of two thousand years,	הַתִּקְוָה בַּת שְׁנוֹת אַלְפַּיִם,
to be a free people in our land,	לִהְיוֹת עַם חָפְשִׁי בְּאַרְצֵנוּ,
the land of Zion and Jerusalem.	בְּאֶרֶץ צִיּוֹן וִירוּשָׁלַיִם.

---

1. הַתִּקְוָה is the name of Israel's national anthem.

   הַתִּקְוָה means "the hope." Which part of this name means "the"? _____

   What does תִּקְוָה mean in English? _____

2. In line 2, find the word that means "spirit," "life," or "breath."

   (Hint: Look back to page 72.) _____

3. The English word "Jew" comes from the name of the tribe Judah. יְהוּדָה is the
   Hebrew for Judah. Find the word in line 2 that means "Jewish." _____

4. The second half of הַתִּקְוָה contains the name of Israel's capital.

   What is the Hebrew name of that city? _____

Lesson 20

KEY WORDS:

מֹשֶׁה גּוֹי

New Vowels:

וֹי has the sound of "oy" as in "boy."

In the word מֹשֶׁה

שׁ is a "double-duty dot."

First, it marks the ▢וֹ vowel in מֹ

Then it tells you which sound the שׁ makes.

The word גּוֹי means nation. This story tells us how מֹשֶׁה was chosen to lead the Jewish nation.

Once, when מֹשֶׁה was tending Jethro's flock, a lamb scampered off. מֹשֶׁה found the lamb drinking from a pool of water. He said to the lamb, "I did not know that you ran away because you were thirsty. Now you must be tired." So מֹשֶׁה carried the lamb back on his shoulders. God said, "Because you showed such kindness in caring for a flock of sheep, you are the right person to care for the Children of Israel, who are like My own flock."

— Midrash, *Shemot Rabbah* 2:2

Lesson 20

KEY WORDS: גּוֹי   מֹשֶׁה

1. רֹשֶׁם קְדֹשִׁים חֹשֶׁךְ חֲרֹשֶׁת אֹשֶׁר

2. נָשֹׂא עָשֹׂה לַעֲשֹׂר שְׂנָאַי וַיֶּחֱשֹׂף

3. כּוֹי הוֹי נוֹי עוֹיֵן גּוֹיִים

4. סוֹיָה לוֹיָה אוֹי אוֹיֵב אוֹי וַאֲבוֹי

5. תִּשְׁבַּחְתָּא בְּלֶכְתְּךָ לְמִשְׁפְּחֹתֵיהֶם בְּמִשְׁמְרוֹתֵיהֶם

Cool Hebrew Phrases

"לֹא יִשָּׂא גוֹי אֶל גּוֹי חֶרֶב, לֹא יִלְמְדוּ עוֹד מִלְחָמָה."

"One nation shall not lift up sword against another nation; they shall not study war anymore." — Isaiah 2:4

"וַיְדַבֵּר יְיָ אֶל-מֹשֶׁה לֵאמֹר: דַּבֵּר אֶל-כָּל-עֲדַת בְּנֵי-יִשְׂרָאֵל וְאָמַרְתָּ אֲלֵהֶם קְדֹשִׁים תִּהְיוּ כִּי קָדוֹשׁ אֲנִי יְיָ אֱלֹהֵיכֶם."

"Adonai said to Moses, 'Tell the Children of Israel to be holy, because I, Adonai your God, am holy." — Leviticus 19:1-2

Bonus Questions:

Which Lesson 20 Key Word appears once in the two Hebrew phrases?

____

Which Lesson 20 Key Word appears twice?

____

Lesson 20

KEY WORDS: מֹשֶׁה גּוֹי

In each line below, cross out the word that does not have the same vowel sounds.

1. גּוּלַת חוּקַת סֻכַּת מוֹרַת
2. מֹשֶׁה סוֹיָה רוֹצֶה עֹשֶׂה
3. פָּנָיו רַגְלָיו הַגּוֹי יָדָיו
4. אֲבוֹי עָשׂוּי גָּלוּי רָצוּי
5. עָוֹן עוֹיֵן מָרוֹם רָצוֹן
6. אוּלָם סֻלָּם קִנָּמוֹן סֻכָּה
7. גּוֹי נוֹי הוֹי לֵוַאי
8. מִצְוֶה רְוָיָה מְחַיָּה מִשְׁוָה
9. זַכּוּי צָלוּי כְּגוֹיֵי פָּנוּי
10. כְּבֵדָה זְכִיָּה סְגֻלָּה קְדֻשָּׁה

Lesson 20

KEY WORDS: גּוֹי   מֹשֶׁה

When we say "farewell" in Hebrew, we usually add a word that means "see you later." Crack the code to learn how to say this farewell. Circle the letter in the correct answer column. Then fill in the letter answers in the blanks below. The first line has been done for you.

Does Not Have a Double-Duty-Dot	Has a Double-Duty-Dot	
שַׁ	שָׁ (circled)	1. חֹשֶׁן
ל	מֵ	2. רֹאשׁ
וּ	וֹ	3. קָדֹשׁ
ם	ס	4. עֹשֶׂה
יָ	וּ	5. חֹשֶׁךְ
קְ	לְ	6. וְשָׂשֹׂן
הִ	חֶ	7. מָשִׁיחַ
כַ	תְ	8. שְׁלֹשֶׁת
דֶ	רָ	9. לְפָרֹשׁ
ע	א	10. קְדֹשִׁים
וֹ	ן	11. וַיִּשְׁבֹּת
ח	ת	12. וַיֶּחֱשֹׁף

שָׁ ___ ___ ___   ___ ___ ___ ___ ___ ___ ___ ___

1 2 3 4 5 6 7 8 9 10 11 12

Now that you can read עִבְרִית, we hope to see you soon in . . .
זְמַן לִתְפִלָּה — *The Time for Prayer* program.

Final Review

LETTER REVIEW

Fill in the missing blanks.

SOUND	HEBREW LETTERS		
T	______	______	______
S		______	______
K		______	______
V		______	______
CH	______	______	______
Silent		______	______

FINAL LETTERS

Final	Not Final
______	כ
ף	______
______	צ
ם	______
______	נ

Final Review

LETTER REVIEW

What other vowels make the same sound?
Write the correct vowel in each box.

א	=	א	=	אָ
		א	=	אֵ
		א'	=	אִ
א	=	א	=	אֹ
		א	=	אוּ

		My	=	מ'
		May	=	מ'
		M___	=	מֵ
M___	=	מֵה	=	מֵא
		Boy	=	בּ '

EVALUATION
Lessons 11-15

Lesson 15	Lesson 14	Lesson 13	Lesson 12	Lesson 11	
סוֹלֵחַ	נְצַיֵּד	שָׂרוּף	חָשׁוּף	פֶּצַע	.1
פּוֹחֵז	עֲטֹף	טִפַּת	כַּוָּנָה	נֶאֱבַד	.2
כְּדֵי	סְפִיגָה	חֹפֶשׁ	סַפְסָל	בִּשֵּׁל	.3
אֲבַטִּיחַ	אֱנוֹשִׁי	כָּבוֹד	שִׁפְשׁוּף	סִיּוּם	.4
גּוֹזָלֵי	בְּשָׁמִים	טֹהַר	שַׁמְתֶּן	חֶבֶל	.5
יַזְנִיחַ	הַלְוָאָה	סוֹפְגִים	הֶחֱרִיב	עֶשְׂרִים	.6
אֶתְבַּטֵּא	כְּתֹבֶת	לִצְחוֹק	מִגְוָן	יָשִׁישׁ	.7
הָאֱדִים	טִפְטוּף	עִוָּרוֹן	עַצְמָאִי	עֲשָׂבִים	.8
יְקַפֵּחַ	וְיָנוּחוּ	נֶעֱטָף	מִפְלֶגֶת	פַּרְנָס	.9
מַשְׂכֹּרֶת	עֲבַרְיָן	אֶצְטַדֵּק	אֶתְפַּרְנֵס	הִשְׁתַּדֵּל	.10

Score					
Date					

EVALUATION
Lessons 16-20

Lesson 20	Lesson 19	Lesson 18	Lesson 17	Lesson 16	
מִשְׁפַּחְתֵּךְ	בְּכָל	בּוֹרֵא	מְלָאכָה	נֶעֱקָץ	.1
שֶׁבַע	בָּנַי	כֵּלֶיךְ	הֶגְזֵם	עֲטַלֵּף	.2
סוֹיָה	כֻּתֹּנֶת	רוֹכְבֵי	עֹקֶץ	אָצִיץ	.3
כָּשֵׁר	אַרְצְכֶם	עֲבָדֶיךְ	שֶׂכְוִי	עֲוֹנִי	.4
לְפָנֶיךְ	חֵילַי	אֲכָוֶץ	כּוֹכָבִים	יְשַׁפֵּץ	.5
הַגּוֹי	מִכָּל	עֵינַיִם	פִּכֵּחַ	מוֹפֵת	.6
עָנִי	מִשְׂגַּבֵּי	מִצְוֹתַי	סֻלָּם	בֵּית-סֹהַר	.7
לֵוִי	זַעֲפֵךְ	לְהִזְדַּקֵּף	הֶבְטַחְתֶּן	כְּוִיָּה	.8
חֻקֶּיךְ	לְהִתְעַטֵּף	נֶהֱפַךְ	נֶאֱלָץ	דִּבְרֵיהֶן	.9
הֶגְיוֹן	מֶמְשַׁלְתֵּךְ	יְשׁוֹחֵחַ	שְׁרַפְרַף	בְּמִצְוֹתָיו	.10

Score

Date

DICTIONARY מִלּוֹן Lessons 1-20

א

אַבָּא	(3)	father
אִמָּא	(3)	mother
אוֹהֵב	(14)	______
אוֹהֶבֶת	(14)	______
אֵיפֹה?	(16)	______
אָלֶף	(12)	______
אֲנִי	(5)	I
אַתְּ	(9)	you (f.)
אַתָּה	(8)	you (m.)

בּ

בַּ___	(5)	in the
בְּבַקָּשָׁה	(14)	______
בַּיִת	(5)	house
בֵּית-כְּנֶסֶת	(15)	______
בֵּית-סֵפֶר	(16)	______
בְּכָל נַפְשְׁךָ	(19)	______
בֹּקֶר טוֹב	(13)	______
בְּרָכָה	(17)	______
בַּר-מִצְוָה	(9)	Bar-Mitzvah
בַּת-מִצְוָה	(9)	Bat-Mitzvah

ג

גִּיר	(7)	chalk
גָּדוֹל	(15)	______
גּוֹי	(20)	______

ד

דָּג	(2)	fish
דֶּגֶל	(11)	______

ה

הַ___	(4)	the
הַבְדָּלָה	(9)	Havdalah
הַגָּדָה	(4)	Haggadah

ו

וְ___	(14)	______

ז

זֶבְּרָה	(15)	______

ח

חַג שָׂמֵחַ	(15)	______
חַי	(18)	______
חַלָּה	(8)	challah
חָתוּל	(8)	cat

י

יָד	(5)	hand, Torah pointer
יַיִן	(6)	wine
יֶלֶד	(11)	______
יַלְדָּה	(11)	______
יִשְׂרָאֵל	(11)	______

כ

כֶּלֶב (12) ________
כֵּן (13) ________
כִּסֵא (15) ________
כִּתָּה (10) class

ל

לֹא (13) ________
לוּחַ (15) ________
לוֹמֵד (13) ________
לוֹמֶדֶת (13) ________

מ

מָגֵן דָוִד (11) ________
מַה? (6) what?
מוֹרֶה (13) ________
מוֹרָה (13) ________
מַזָל טוֹב (15) ________
מַחְבֶּרֶת (11) ________
מִי? (5) who?
מַיִם (7) water
מֶלֶךְ (18) ________
מַצָּה (4) matzah
מִצְוָה (9) commandment
מִצְוֹת (16) ________
מֹשֶׁה (20) ________
מִשְׁפָּחָה (9) family

נ

נֵר (15) ________

ס

סְלִיחָה (14) ________
סֵפֶר (12) ________

ע

עִבְרִית (10) Hebrew
עַל (10) on
עַל-יַד (10) next to
עִם (14) ________
עִפָּרוֹן (15) ________
עֵץ חַיִים (16) ________

פ

פּוּרִים (7) Purim
פֶּסַח (11) ________

ק

קִדּוּשׁ (6) Kiddush
קָטָן (15) ________

ר

רַבִּי (7) Rabbi

שׁ

שַׁבָּת (1) Sabbath
שָׁלוֹם (13) ________
שֻׁלְחָן (17) ________

ת

תּוֹרָה (13) ________
תַּחַת (8) under

Final Review

KEY WORD REVIEW

Fill in each blank with the correct Key Word.
The answers are in the Word Box below.

.1 ____________

.2 ____________

.3 ____________

.4 ____________

.5 ____________

.6 ____________

.7 ____________

.8 ____________

.9 ____________

.10 ____________

.11 ____________

.12 ____________

Cross out the answers in the Word Box as you use them.
Use the words that are left in the Word Box to complete the secret message.

מַזָּל טוֹב   בֹּקֶר טוֹב   אָלֶף   סֵפֶר

חַג שָׂמֵחַ   שָׁלוֹם   שֻׁלְחָן   בְּרָכָה   עֵץ חַיִּים

מֹשֶׁה   מֶלֶךְ   חַי   בֵּית-כְּנֶסֶת

____________ ____________

on completing זְמַן לִקְרֹא

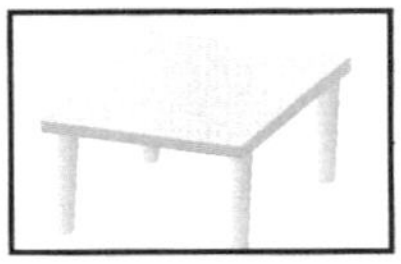